無論如何

人們是不合理、不合邏輯和自我中心的。
但無論如何，要愛他們。

如果你仁慈，人們可能指控你是出於自私、別有用心的意圖。
但無論如何，要仁慈。

如果你成功，你會贏得一些虛假的朋友和真實的敵人。
但無論如何，要成功。

你今天做的好事，明天便會被人忘記。
但無論如何，要做好事。

誠實和坦白會令你容易受到傷害。
但無論如何，要誠實和坦白。

你花多年建立的東西可能毀於一旦。
但無論如何，要建立。

人們需要幫助，但如果你嘗試幫助他們，他們可能會攻擊你。
但無論如何，要幫助他們。

最終，那是你和上帝之間的事。
無論如何，那從來都不是你和他們之間的事。

——加爾各答（Calcutta）希舒巴滿（Shishu Bhavan）
兒童之家牆上的告示

Authentic Relationships

真誠的關係

Discover the Lost Art of "One Anothering"

發掘失落了的互為肢體之道

韋恩・雅各布森
克萊・雅各布森 著
陳永財 譯

基道出版社

▼

教會事工系列 · 人際關係

真誠的關係

發掘失落了的互為肢體之道

Authenic Relationships

Discover the Lost Art of "One Anothering"

作者
韋恩 · 雅各布森 Wayne Jacobsen
克萊 · 雅各布森 Clay Jacobsen

譯者
陳永財

責任編輯
李慧儀

裝幀設計
奇文雲海 · 設計顧問

■

出版/發行
基道出版社
香港沙田火炭坳背灣街 26 號富騰工業中心 10 樓 1011 室
LOGOS PUBLISHERS
Unit 1011, 10/F, Fo Tan Ind. Centre, 26 Au Pui Wan St., Shatin, Hong Kong
電話：(852) 2687-0331 傳真：(852) 2687-0281
網址：https://www.logos.com.hk

承印
海洋印務有限公司

●

10/2010 初版
Cat. No. LP374B
ISBN: 978-962-457-410-4

刷次	15	14	13	12	11	10	9	8	7	6
年份	2032	2031	2030	2029	2028	2027	2026	2025	2024	2023

題獻

四年前我和太太在澳洲，當時我們的好朋友塔倫（Ben Tarren）提議我寫一本關於「互為彼此」（one anthering）的學習指南，那是一個我曾在第一本小說中運用的觀念。他的提議令我參與撰寫現在你手上的這本書。塔倫，很感激你播下這種子。

我太太仙蒂（Cindy），也是我在這旅程中最深刻的「互為彼此」伙伴，我感謝你幫助我寫作，分享你對這些原則的熱誠。我也感謝你推動我，以致塔倫的想法最終成為事實。

克萊（Clay）

生命之泉（Lifestream）過去和現任委員會成員，你們在最好和最壞的時候與薩拉（Sara）和我「互為彼此」，我多謝你們鼓勵的話、明智的建議、禱告、個人支持和豐富的友誼。你們包括：里奇和希拉·阿爾蒂（Rich and Sheila Artis）、羅恩和耶恩·布里斯科（Ron and Jen Brisco）、保羅和路易絲·古鐵雷斯（Paul and Louise Gutierrez）、吉姆和瑪嘉烈·奧利韋拉斯（Jim and Margaret Oliveras）、納爾遜和香農·施萬布（Nelson and Shannon Schwamb）、尼克和茱莉亞·森布奴（Nick and Julia Sembrano）以及菲爾和謝里·香農（Phil and Sheri Shannon）。

韋恩（Wayne）

我們也想多謝克倫普頓（Vicki Crumpton）和貝克出版社（Baker Books）所有了不起的職員，他們大大改進了這本書，是單憑我們兩人的能力做不到的。

韋恩和克萊

當合著書籍的作者要嘗試表明誰寫了哪部分時，我們發覺這往往會對讀者構成干擾。此書為了避免這個問題，我們選擇將材料當為只是由一個作者的思想產生出來。我們可以說這本書代表了我們的熱誠、智慧和經驗結合的產物，書中的「我」可能指韋恩或克萊，也可能是我們合作的產物。我們認為作出區別並不重要，我們這樣做也希望示範我們想與你分享的「互為彼此」。我們間或更改羅列的例子裏的人名，藉以在需要時將身分保密。但這些仍然是真實的故事，顯示「互為彼此」的簡單力量和喜樂。

序言

我凝視窗外圍繞著新英格蘭退修場所那些白雪皚皚的小山。我陪哥哥去退修，幫忙帶領敬拜。那天我沒有預計聖靈的啟示會在我心裏出現。韋恩講述基督徒友誼的力量，集中在聖經中他稱為「互為彼此」的經文。

驟眼看來，他的信息沒有任何新意。我由慈愛的基督徒父母撫養，獨個兒讀過這些經文數十次。雖然這些經文有很多都是我人生之中最喜愛的經文，但我從沒有放它們在這脈絡下一併思想。結合起來，它們描繪出一幅豐富多姿的全景圖 —— 基督的身體可以分享的驚人的愛和支持關係。

我那次退修的經驗，是我與主同行之中，一個有力和改變生命的時刻。我開始掌握「互為彼此」這失落的藝術時，便踏上了一段旅程，重新界定我怎樣看教會，怎樣與其他基督徒交往，甚至怎樣與上帝交往。它也幫助我與其他信徒和世界上還未認識上帝的人，培養更好的友誼。

現在，在十年後，哥哥和我走過不同的路，但上帝使我們走在一起，與你探討這個觀念。我們會研究這些問題：我們可以怎樣與其他信徒分享有意義和彼此支持的關係？對於充滿愛和有培育作用的友誼，新約提供甚麼模式？如果你渴望與其他信徒有更深入的關係，或許你已預備好明白「上教會」和「成為教會」之間的分別。

只需看看我們可以怎樣與其他信徒分享關係：

彼此

- 彼此**相愛**（約十三 34）
- 彼此**饒恕**（弗四 32）
- 彼此**接納**（羅十五 7）
- 彼此**寬容**（弗四 2）
- 彼此**親熱**（羅十二 10）
- **恭敬**人，要彼此推讓（羅十二 10）
- 彼此**問安**（林後十三 12）
- 彼此**款待**（彼前四 9）
- 彼此**以恩慈相待，存憐憫的心**（弗四 32）
- 彼此**分享**（來十三 16）
- 彼此**服事**（加五 13）
- 彼此**擔當重擔**（加六 2）
- 彼此**建立**（帖前五 11）
- 彼此**鼓勵**（來三 13）
- 彼此**勸慰**（帖前四 18）
- 彼此**激發愛心，勉勵行善**（來十 24）
- 彼此**教導**（羅十五 14）
- 彼此**勸戒**（西三 16）
- 彼此**代求**（雅五 16）
- 彼此**認罪**（雅五 16）

- 彼此**同心**（羅十二 16）
- 彼此**順服**（弗五 21）

發現這些經文的重要性，對我來說是不可思議的。我祈望你藉這本書與我們展開的旅程，能幫助你發現你自己的關係中「互為彼此」的藝術——也就是好像上帝愛你那樣愛別人。

克萊．雅各布森（Clay Jacobsen）
加州（California）卡馬里奧（Camarillo）

目錄

第一部分：從裏面開始

你不能期望自己能將你自己也沒有從上帝本身得到的東西給予別人。「互為彼此」始於內裏。

第二部分：打開大門

你今天的每個朋友都曾是經過你面前的陌生人。友誼始於簡單的一刻：獻出一個溫暖的微笑、一句溫柔的話或一個仁慈的行動⋯⋯它們打開一條路，讓我們發現上帝放在我們周圍的財寶。

第三部分：分享旅程

在不確定的時刻和黑暗中，有朋友分享你的旅程，會大大增加你的智慧和勇氣。上帝沒有要求我們獨自上路，而是要我們享受祂放在我們周圍的其他人。

第四部分：成熟的關係

你與別人分享旅程時，你會發覺有些關係會在別人顯示他們對你的愛和關心時加深。你發現好像這樣的關係時，你即將享受「互為彼此」最深刻的表達。

第 1 章

逃避孤獨的陷阱

人們渴望重新發現真正的羣體。

我們已經有足夠的孤單、

獨立和競爭了。

范尼雲（Jean Vanier）

安娜（Anna）從沒有感到這麼孤單。她的丈夫赫曼（Herman）需要接受一個小手術修補疝脫（hernia）的毛病，但他也患了阿爾茨海默氏症（Alzheimer's disease），這情況令這樁小手術變得非同小可。醫生剛來過赫曼的病房知會安娜，手術後他們要束縛赫曼的手腳。他們擔心他手術後醒來時會感到迷惘，拉開靜脈注射器或者以某種方式傷害自己。他們沒有足夠的職員，不能安排人手一整個康復過程都待在他牀邊。

安娜嘗試想像那令丈夫不能活動的束縛衣。她知道所購的保險並不包括聘請私家看護的費用，以赫曼的情況，他甚至不會記得這件事，但這想像仍然令她飽受煎熬。她可以怎樣做？

不久，安娜聽到有人敲丈夫病房的門，她轉過身來。原來是邁克（Mike）和卡羅爾（Carol）。雖然他們比安娜和赫曼年輕三十年，但在過去幾年，他們因為參加同一個家庭團契小組而成了好朋友。卡羅爾從安娜眼中看到她的緊張，終於找出她那麼擔心的原因。「我知道那很可能是愚蠢的，但我不想他經歷那種事情。」

邁克和卡羅爾也不知道可以怎樣做，但他們正要與團友會面，答應安娜會將她的擔心告訴團友，並為此祈禱。

差不多一小時後，電話響起。安娜在電話將丈夫吵醒前拿起電話筒。

「真好，你還在那裏。」是卡羅爾。

「我們今晚為你們祈禱後，有人問為甚麼不能派護士看守赫曼。我們解釋説醫院沒有足夠人手這樣做，這人又問，若我們去看守赫曼又如何。大家都認為這是一個好主意，人們開始主動提出在某些時段值班。安娜，如果在赫曼康復期間，任何時間都有人在病房陪伴他，他們還需要束縛他嗎？」

「我不能要求你們這樣做，」安娜説，這提議令她深受感動。

「你沒有要求 —— 是我們提出的。你能不能問一問醫院？」

安娜放下電話筒，走到護士站。她回來告訴卡羅爾，只要有清醒和警覺的人和赫曼一起，他們便毋須束縛他。在她能夠補充説：「但我不想麻煩到你們」前，她聽到卡羅爾將消息告訴小組成員。背後的歡呼正是她需要聽到的。

那天晚上，超過十二個人自願在赫曼康復期間二十四小時輪流守候在病牀邊。當家人聽到赫曼和安娜的朋友這樣做時，他們也主動加入值班。其後三天，所有時間都有人陪伴赫曼。而這事的附帶好處，是安娜在醫院的漫長時間也不斷有人相伴。

幾星期後，安娜想要為著小組表露了極度的仁慈而多謝他們。每次她開始說話時，心裏都再次充滿感激。雖然房間中每個人都明白她多麼深受感動，但沒有人覺得那樣做是很大的犧牲。他們只是想幫助朋友渡過一段困難的時期。

那小組發現了「互為彼此」的簡單力量。

資訊時代的孤立

我們這個時代，交通那麼便利，手提電話和傳呼機那麼普遍，又可以不受限制地接觸互聯網，我們比以前有更多方法與別人聯絡。因此，人們今天感到更孤立，豈不是十分諷刺嗎？

我們與自己不喜歡的人一起工作，居住在我們不認識的人隔鄰，甚至聚集一起崇拜時，其中很多人對我們來說都只是人羣中另一張臉孔。甚至與好朋友一起時，我們很多人的談話也只是圍繞著孩子、工作、天氣或運動，而不能分享我們屬靈生命的深度。我們受到最深的傷害時，似乎每個人都四散去應付自己的忙碌生活。

安娜的故事，在我見過的基督徒友誼中，可算是其中一個最好的例子。不幸的是，這故事之所以美妙，部分原因在於它是那麼獨一無二。我可以說出更多關於人們經歷艱苦的時刻但卻沒有人給予他們最需要的愛和關心的故事。有時候，找到人幫自己捱過星期六已經夠困難，更不要說找人在醫院通宵陪伴一個不會認得你或記得你做過甚麼的人。

無論有意或無意，我們很多人都保護自己，不讓自己去接觸那種令我們與別人深深聯繫起來的友誼。我們在小學時已經學到，關係可以多麼多變。同學這一刻會假裝成我們的朋友，下一刻卻會在有助自己加入某個「羣體」或爬得更高時攻擊我們。任何弱點或不相似之處都會成為嘲笑的材料。

閒言閒語和出賣的痛苦，雖然在成年後變得更隱晦，但其破壞力是同樣的——如果不是更嚴重的話。你可能以為，我們的會眾能提供脫離這種痛苦的安全避難所，但太多時候，事實正好相反。「從來沒有人好像基督徒對待我那麼差」是我聽得太多的哀歎。

令人驚訝的是，主日崇拜可以是世上其中一個最孤單的地方。誰沒有嘗試建立新友誼，卻因為無力找到方法進入現存的小圈子而感到挫敗？我們在別人有需要時主動提出給予幫助，後來在他們不能抽身幫助我們時感到是被利用了。再加上我們錯放的期望，難怪很多人視關係為負債而不是珍寶。

結果我們感到矛盾。雖然我們想有親密的關係，但我們與別人保持距離，藉以顛覆這種渴望。為了保護自己避免傷害和失望，我們認為最好的解決方法是留心守護自己。沒有比這更好的策略，令我們以孤獨和孤立告終，並在過程中安心地責備別人。

不過，健康的關係不是由坐在同一座建築物內或參與相同的活動而產生的，而是由捕捉耶穌對「改變生命的關係」的心腸而生的。在耶穌整個事奉生涯中，祂都顯示出，愛和友誼的最簡單行動可以觸及最剛硬的靈魂，並轉化它們。

搖動撒該的世界的午餐

撒該希望可以看一眼耶穌，但原來不單他想這樣。到達市鎮的中心時，他可以看到街上擠滿人，放眼盡是人。似乎每個人都想看一看這個來自加利利的人，祂的傳聞已在各處傳開。祂真的醫治了病人，令死人復活嗎？祂會是彌賽亞嗎？

撒該終於爬到一棵樹上，找到一個有利位置。經過一段時間後，這個行神蹟的人走近了。想像一下當耶穌走到那棵樹附近時，撒該感到自己多麼幸運；再想像耶穌在樹下停下來，叫撒該下來，表示要到他家裏吃午飯時，他感到多麼震驚。

這個提議本身令羣眾不滿。人們面面相覷，不明白為甚麼耶穌選擇花時間與這麼可鄙的人一起。撒該不是與羅馬人勾結，從他的猶太兄弟姊妹那裏收稅嗎？羣眾中任何其他人都肯定更配花時間與這位來自加利利的教師一起。

撒該知道他們是對的。耶穌與他結交，冒破壞自己名聲的危險。但奇怪的是，耶穌似乎不認為這是問題。撒該遇到真正以別人為焦點的人——一個對他感興趣，不是為了自己的目的而想要操縱他的人。

撒該以前從未見過有人這樣行動。羅馬人利用他來替他們做骯髒的事情，他自己的同胞因此而討厭他。他很早以前已經知道，要成功便必須為自己著想，即使要因而損害別人。但這種對生命的取向，令他成為孤獨的人。耶穌以吃午餐的簡單邀請打動他的孤獨。

那是撒該惟一需要的奇蹟。就我們所知，他那天沒有看見瞎子重見光明或痲瘋病人得醫治。「互為彼此」的簡單行動——提議一起吃午餐，新友誼的機會，幾小時的談話——動搖了他整個世界。

在眼光只專注在別人的那一位面前，撒該的自私看來是多麼膚淺。在耶穌繼續說下去之前，撒該承諾將一半財產分給窮人，並以四倍償還被他欺騙過的人。

耶穌的每次相遇都是這樣。祂與人交往不是為了從他們那裏得到利益，而是為了祂可以怎樣將上帝的生命分給他們。由於祂不是專注於自己，祂能夠以上帝的愛裏最深的財寶來觸及別人。而這帶來很大的分別。

以耶穌為中心的友誼

可惜，我們大部分人都好像撒該那樣，更熟悉另外一種關係——人們說自己愛你，但只是在你對他們有好處的時候。由於他們與你的關係是建基於他們的需要，他們可以在這一刻充滿溫情，下一刻又冷冰冰。

我的一位朋友將關係界定為「自我需要的互相遷就」。他不是以此討人喜愛。他的意思是：人們的友誼只在人們可以滿足彼此對保障、接納或地位的深層需要時，才會維持下去。正因為這樣，與其他信徒的大部分友誼都是以任務為導向，只在我們一起實行同一個任務時才會存在。只要你同意計劃，別人便會接納你。不過，如果你問錯誤的問題，有幾次缺席會議，或甚至（但願不會這樣！）離開去參加另一個團契，友誼便會突然終結或變成敵對。

雖然有這些痛苦的經驗，我仍然為我們始終渴望真正的友誼而感到驚訝。我們往往以自己的忙碌埋藏它，但當我們的生命腳步放慢成爬行時，對友誼的渴望便浮現。即使曾經被最親密的人出賣，因而渴望逃避痛苦而隱退的人，也會發覺自己再次渴求深刻的友誼。

對於自己對友誼的渴望，我們所經驗到的可能只是懾人的孤單感；但我們有這感覺，是因為我們直覺知道自己是為了關係而受造。彷彿上帝在我們的本性中安放了與祂的家庭聯繫的渴望，因此我們不斷尋求滿足，即使我們有極大的失望。我們希望可以與人分享我們旅程的喜樂和傷害，匯集我們的智慧和資源。我們真的不想獨自行事。

無論我去到哪裏，我都在基督的身體中看到這種渴望，而且往往是不能止息的。人們有很多同伴，但很少真正的友誼。我們不知道怎樣建立友誼、培養友誼或享受友誼，結果往往自行盡自己最大的努力去做。我們只能夠透過活出耶穌的路——不是為自己取得愛，而是學習與別人分享愛——才能夠逃避這個陷阱。

互為彼此

每當我讀福音書時，我都因耶穌關於教會的言論是那麼稀少而感到驚訝。只有馬太記錄了祂曾用教會這個詞，而且只是用了兩次。為甚麼祂不跟追隨者說更多關於怎樣組織教會、實踐它的事工和計劃它的服事的事情？

我認為我知道為甚麼。祂不談及教會，因為祂太忙於活出教會。祂成為撒該、雅各、約翰、彼得、馬利亞、馬大、拉撒路、尼哥德慕、井旁被拒絕的無名婦人和無數走近祂的人的朋友。看祂怎樣與他們交往，以上帝的愛為中心與他們建立友誼，不顧己身地服事他們。那就是祂國度的力量，和在祂家庭的喜樂中生活的祕訣。以「我不再稱你們為僕人……我乃稱你們為朋友」（約十五 15）這個簡單的宣告，耶穌指出上帝一直渴望與祂的創造物有的關係——親密的友誼——的本質。

因此，當耶穌這惟一能真正無私待人的人在人們中間行走時，整個世界都翻天覆地。在祂事奉結束時，祂需要做的是吩咐祂的追隨者，好像祂對待他們那樣對待別人。他們完全知道祂在說甚麼，因為他們看見祂怎樣做。我們在教會最初期的生命中看到那神奇的果子。耶穌的追隨者不是專注於禮儀、傳統或增長策略，而是專注於簡單地以上帝為中心的友誼的力量，無論是對信徒或仍然被困於世界的人。

初期的信徒不視自己為機構；他們視自己為一個家庭。教會並不是一個他們去的地方；它是一種與天父和祂其他孩子建立關係的生活方式。事實上，學習彼此相愛，使他們不得不限制自己以同一種愛對待世界上其他的人。這令他們好像耶穌所說那樣——在敵對的世界中成為上帝的兒女。

世界驚歎初期教會竟能無私地生活。他們好像耶穌那樣以別人為焦點，世界因此而轉化。使徒在他們的書信中總結初期信徒的生活方式時，沒有怎樣提到他們的組織或聚會。相反，他們寫到他們的關係，以及好像上帝對待他們那樣彼此相待的喜樂。

互為彼此的經文遍佈整本新約，給他們一起的生命下定義。這些經文很多都重複了很多次，但有二十二句獨特的經文，是用了「彼此」或「互相」來提到他們那分享的生命的。在這本書中，我們會檢視這二十二句經文，探討恢復「互為彼此」這失落的藝術，結果會帶來的巨大喜樂和自由。

專注於別人的生命

如果你曾與以別人為焦點的人分享過友誼，你便知道那些朋友是多麼寶貴。他們對你感興趣，只是因為他們關心。他們的關心，並不帶著他們自己對這段關係的需要和渴望。他們關心你，並不要求回報，看見你蒙福便感到高興。他們將自己的生命好像一本書那樣打開，讓你自由地閱讀。你甚至毋須猜測他們在想甚麼，因為他們會直接告訴你，令你感到安全，在他們面前毋須偽裝。他們大方地提出建議，但從不要求你跟從。他們給你自由，你可以不認同他們；也給你彈性，用與他們不同的方式行事——並且不會減少他們對你的愛。

如果他們知道你需要，他們幾乎不用猶豫便會將衣服脱下來給你，但他們不會總是將你想要的東西給你。他們不看你的錯處，為你有機會成功而歡慶，給你幫助以達到你的目標。你可能多個月或多年都見不到他們，但下次你們見面時，你會感到你們好像從沒有分開過。他們説會為你祈禱時，你知道他們會守諾言。你經歷最黑暗的時刻時，他們會留在你身邊。他們會讓他們的同在安慰你，即使他們不懂得説出正確的話。

這種朋友來自上帝的心。若沒有先被上帝這樣深刻地愛的話，沒有人可以這樣無拘無束地愛。發現祂愛的力量，你便永遠不會再孤單。

討論問題

1. 除了家人以外，想一想你生命中一段最重要的關係。簡單地分享關於那人的事，並講述甚麼令那關係那麼特別。
2. 想一想在那段關係中的一件能顯示出你最珍惜那人的哪些特質的事故。你從那事件中學到甚麼關於友誼的事情？
3. 從這些故事中事故，列出一些界定你的小組對友誼的性質已經學懂的事情。
4. 這清單怎樣反映上帝向你表達的愛？你希望你與其他信徒的關係中，會有這清單上的哪些特質？

關於怎樣促進小組研究的指引，參頁 127 的附錄。

第一部分
從裏面開始

你不能期望自己能將你自己也沒有從上帝本身得到的東西給予別人。「互為彼此」始於內裏。

第 2 章

好像上帝愛你那樣愛別人

我賜給你們一條新命令，乃是叫你們彼此相愛；

我怎樣愛你們，你們也要怎樣相愛。

約十三 34

愛另一個人就是看見上帝的臉。

《悲慘世界》(*Les Misérables*)

我從加州的家到俄亥俄州(Ohio)的哥倫布(Columbus)演講，我的航班安排令我在芝加哥(Chicago)的奧黑爾(O'Hare)機場逗留三小時。吃了些東西後，我到達登機閘口時，距離飛機起飛還有兩小時。我坐下來看一本我想在飛機降落前看完的書。我還未開始閱讀，聚集在那裏的人羣的嘈吵聲已使我分心。這事發生在九一一事件之前，朋友和家人仍然可以在閘口接抵達的旅客。

為甚麼他們不能安靜點？我問自己。不智地期望忙碌的大堂可以好像圖書館那樣安靜。擾嚷繼續下去，直到我發覺不可能集中精神。我鄙視地抬頭，準備將行囊移到一個較安靜的閘口時，看到一個不超過五歲的小女孩。她渴切地望出窗外，然後匆匆地抬頭看一看母親，兩人視線相遇，女孩微笑。

一陣爆發的笑聲令我的視線轉向一個年青的日本家庭，在他們身後，一個年青人無聲站著，手裏拿著一枝玫瑰花。我發覺我被四周展開的人間戲劇所吸引。他們愈發興奮，直到一部噴射機轉過客運站，停在閘口。乘客開始下機時，人羣變得較安靜。這時可以較容易閱讀，但我已經忘記了我的書。

不久，人們便開始從飛機走廊下來。那小女孩被母親舉高到人羣之上，一個穿著軍人制服的男人穿過大門時，她突然喊叫：「爸爸！」她媽媽將她放下時，她跑過人羣，跑到他的臂彎中。那位母親與父女兩抱在一起，幾乎將夾在中間的小女孩壓扁。我眼中含著淚水。

那個日本家庭，在一對年老的夫婦從走廊出來時，開始以自己的母語喊出招呼的話。我猜想那對年老夫婦是不是近期移民至此的父母，終於可以見到兒女的新家園？他們的喜樂藉由眼淚表達出來，令我深受感動，我把頭藏到衣領中，以免別人看見我的眼淚。

我看著那個拿著玫瑰花的年青人。他專心地看著走廊，每一個乘客下來時，他都顯得更關切。人羣終於走盡，他的緊張是明顯可見的。她錯過了航班嗎？「不，讓她出現吧，」我以半祈禱的方式喃喃地說。若干秒後，她走出來，他立刻高興起來。他跑到她那裏，兩個愛侶擁抱一起。

人羣很快便變得比之前更興高采烈，他們沿著大堂走向主樓。我臉上帶著笑容看著他們離開。在短短幾分鐘內，我對擾嚷的人羣的鄙視，變成深深的鍾愛。這事發生的過程，顯示上帝的愛其中一個最有力的特點。

一次一個人

我不再視人羣為一大羣沒有臉孔的人，而是視他們為個人，有漸漸展開的故事。耶穌就是這樣愛人。祂不是來愛猶太民族或羅馬帝國。祂愛那些祂在拿撒勒、加利利、撒馬利亞、耶路撒冷和很多名字早已被人遺忘的地方遇到的人。祂是單個單個地去愛的，祂進入與祂相遇的人的生命，顯示對我們所有人的愛。

我們第一節「互為彼此」的經文來自耶穌自己，那是一個命令：「我賜給你們一條新命令，乃是叫你們彼此相愛；我怎樣愛你們，你們也要怎樣相愛。」祂沒有叫追隨者愛每一個人，而只是叫他們愛上帝放在他們面前的人。正如我們看到，耶穌就是這樣愛。這種愛並不集體地發揮作用；它每次只能夠應用到一個人身上。我們在這本書中將看的所有經文，都談及我們怎樣彼此相待。它們沒有吩咐我們鼓勵每一個人，服事每一個人，勸誡每一個人，或者與每一個人分享。那會令人應付不來。我們有時聽到：「我不能為每一個人這樣做。」我們毋須這樣。

相反，耶穌給我們自由，讓我們向當下的眼前人展示愛。如果我們不是每次只愛一人，我們永遠不會學懂愛別人。想要幫助個人的話，我們毋須開始一個事工，然後尋找有同樣需要的人。接受現時的環境，為那人做我們能夠做的事，不是更好嗎？

這令我想起一個老科學家哀歎一大羣海星在潮漲時被沖到岸上的熟悉故事。那個巨大的需要令老科學家震驚，他呆呆地站在海灘，直到他看見一個小男孩拿起海星，將牠們拋進海裏。

男孩看到老人，跑到他面前請求他說：「先生，你要幫我。我們要在這些海星死去前將牠們拋回海裏。」男孩彎腰拿起另一隻海星，將牠拋進浪中。

科學家看著海岸線問男孩：「你看見這裏有多少海星嗎？我們可以帶來甚麼分別？」

小男孩低頭看著自己手中的海星，想了一會，然後說：「那對這海星會帶來分別。」然後他將海星拋到大海，準備拿另一隻。

不是取得而是施予

每當我談及「互為彼此」的力量時，很多人都回應說，有這樣的朋友多麼好。通常他們接著的問題是：「我可以到哪裏找這樣的人？」

不過，請留意，耶穌沒有說「彼此索取愛」。祂只是吩咐他們彼此相愛。每當我們集中在別人可以為我們做甚麼，而不是上帝可能要求我們為別人做甚麼時，我們便容許自己統治那關係，這樣做最終會帶來失望及痛苦。在機場時，我最初就是這樣。我想人羣為我的利益服務而不是容許我好像耶穌那樣看他們，更從來沒有發覺是那焦點令他們變得討厭擾人。要我以愛與他們交往，焦點需要由我的渴望、議程和需要，轉向他們的渴望、議程和需要。或許「互為彼此」最大的自由，是上帝給我們「不再總是專注於自己」的自由。我開始關心周圍的人時，便得著自由脫離我自己施加的限期，可以享受人類感情的盛觀在我周圍發生。

以現實為基礎的電視節目十分流行，因為我們發覺人的故事很吸引。但可惜的是，較諸在社區、工作地方和教會發生的動人故事，了不起的英雄在那些地方對抗不可思議的逆境，嘗試做正確的事情，我們卻更享受看著人們身處人工造成的環境，在其中找到更多樂趣。

耶穌將焦點集中在周圍的人，這令祂的門徒發瘋。「你不想到耶路撒冷揚名嗎？」他們問。他們不明白那位會將大部分時間花在加利利的彌賽亞，祂最想做的就只有跟隨上帝的聲音，以人們需要的被愛方式去愛周圍的人。

得到愛地活著

現在我們談到一個重要的關鍵概念，是適用於這節和所有其他「互為彼此」經文的。我們不能為別人做連自己也並沒有親身經驗過的事。要記得，耶穌吩咐門徒彼此相愛的話，是**好像祂愛他們那樣**。祂的話今天對你和我都是真實的。如果你沒有經驗上帝對你的饒恕，你不能饒恕別人。除非你知道上帝供應你需要的一切，否則你不能服事別人。除非你看到上帝對你施以的仁慈，否則你不能以仁慈待人。在這個意義下，「互為彼此」的經文不是要服從的命令，而是描述愛給我們自由去做些甚麼。這種愛並不是始於人的心。它只源自上帝自己，祂想充滿你，以致你肯定祂關心你生命中的每個細節。祂會在你需要時提供你需要的一切。在上帝的愛之中，這保障會給你自由去過「互為彼此」的生活。

你愈經驗上帝的愛的真實，便愈會發現自己與別人正分享那愛。我最不想這本書做的，是加增你那張好基督徒應該怎樣對待別人的清單上的項目。這樣錯失了重點。上帝不想你假裝愛別人，或令自己的舉動看來像是愛別人的。祂想在祂的愛中給你自由，以致那愛從你流出，接觸其他人。那是了不起的過程。

你讀到「互為彼此」的每一方面時，問問自己，你怎樣看到上帝在你的生命中示範這樣的對待。如果你看不見，就要請求上帝向你顯示。信徒很自然地以他們認為上帝對待他們的方式來彼此對待，但他們往往沒有清楚看到上帝是怎樣的。如果你服事一個你認為會審判你的罪、對你的軟弱不耐煩、不參與你的痛苦的上帝，你也會這樣對待你周圍的人。我為那些落入這種陷阱的人而心碎。他們每天都與這樣的上帝一起。

活在上帝的愛中，是朝「互為彼此」踏出的第一步。如果你不首先發現這點，這個過程會以「自我生成的好事」令你疲累不堪，不會結出祂國度的果子。「互為彼此」不是一些單調的例行公事，而是分享上帝的生命的喜樂——不單與祂的百姓，也與被黑暗俘擄的世界。

「互為彼此」的果子

耶穌說彼此相愛這簡單的命令會以兩種方式結出果子。首先，向那個看不見祂的世界，這命令會顯示祂是真實的。「你們若有彼此相愛的心，眾人因此就認出你們是我的門徒了。」（約十三 35）要觸動世界，沒有比「簡單地顯示愛」來得更好的工具。事實上，耶穌邀請世界根據我們對別人顯示的愛，來判斷我們宣告的福音的真實性。那會證明我們屬於祂。

但還不單這樣。耶穌後來補充說：「這些事我已經對你們說了，是要叫我的喜樂存在你們心裏，並叫你們的喜樂可以滿足。」（約十五 11）耶穌命令我們彼此相愛，是基於祂渴望我們認識祂的完備。自我中心的生命就是其本身的懲罰。當我們與別人的關係充滿期望和要求別人做我們想要的事情時，結果是張力、失望和沮喪。上帝以祂的愛的真實來捕捉你時，你會有自由專注於別人而不是自己。你在這裏會發現深刻和持久的友誼帶來的喜樂。耶穌明白這點。祂知道正確的關係是尋找滿足和自由的最可靠方法。

在未來各章，我都會向你解說怎樣與其他信徒建立和培養友誼，這友誼是會轉化你和他們的。起初只是出於善意的簡單行動，可能會變得成熟，成為你們可以分享信仰旅程中的起起跌跌的關係。

最大的是愛

「彼此相愛」是終極的「互為彼此」經文。其他經文都表達我們怎樣讓上帝的愛透過我們活出來。它們會向我們展示怎樣表達那愛，向我們揭示「成為上帝家庭的一部分是甚麼意思」那最深的珍寶。聖經有很多「彼此」和「互相」的經文，我不會全都討論，但我選了這二十二節，都是聖經最為強調的。我根據關係的階段，順著肢體生命可以提供那種由淺入深的友誼的自然發展來安排。不過，請不要誤會這是一步步的計劃。友誼是有機的，它們在不是強加給它們的常規以外發展得最好。雖然，坦誠相對這類進深的時刻，往往在人們在關係中感到自在後才出現，可我也遇過完全陌生的人在巴士或商店與我分享他們最深的掙扎。

我們會談及怎樣更刻意地建立關係，加深它們，然後享受長久的友誼的深度，但在上帝為你生命帶來友誼時，又有讓它們自然發生的自由。我們會以察看內心作為開始，在那裏有以耶穌為中心的友誼的基礎，透過饒恕和他人為先，我們看看祂怎樣給我們自由去以健康的方式與別人交往。

接著，我們會看我們向新關係打開大門的實際方式：仁慈、接待和服事別人。我們更彼此認識時，會發覺自己正透過鼓勵、勸告和禱告分享我們的屬靈旅程。投入於互為彼此的生命之中，會將我們帶到一個在艱難和痛苦的處境中幫助別人的境地。我們會學習怎樣刺激別人看見和選擇上帝最好的東西，而不是落入自己的智慧之中。

最後，我們會看成熟的關係可以加給我們的生命兩種了不起的可能性——承認我們的錯誤的自由和順從別人的智慧和勸告的安全。

在過程的每個階段，都要留意上帝自己是怎樣向你示範這些行動，以及你以相同方式愛別人的機會。這是基督徒生命能夠提供的最好東西。投身其中，發現在愛中轉化生命實際上可以是怎樣的。

討論問題

1. 耶穌嘗言「我怎樣愛你們，你們也要怎樣相愛」，在這一章中，你學到甚麼與這話相關的事情？
2. 這些學習會怎樣改變你的日子，尋求去愛當下的個體，而不是嘗試裝作愛所有人？
3. 你怎樣對待別人（或別人怎樣對待你），那反映了你（或他們）對上帝的想法是怎樣的？
4. 想一想耶穌在世上與一些人的相遇。哪一次相遇令你特別深刻難忘？祂怎樣顯示祂的天父對他們的愛？
5. 你想看到上帝的愛怎樣向你顯明？請求祂那樣向你顯明祂的愛。

第 3 章

讓人可以倒下的柔軟地方

……彼此饒恕，正如上帝在基督裏饒恕了你們一樣。

弗四 32

所以，你們要彼此接納，如同基督接納你們一樣。

羅十五 7

……用愛心互相寬容。

弗四 2

不饒恕人好像吃老鼠藥，然後等老鼠死去那樣。

拉莫特（Anne Lamott）

如果你是聖經中那個在犯姦淫時被逮個正著的婦人（約八 1～11），他們拉你去見耶穌而不是該亞法，不會令你很感激嗎？大祭司該亞法的地下室裏有一個土牢。

你可以想像那個婦人經歷了甚麼嗎？她的生命懸於一線，指控她的人想將她當場處決。但她只是一個工具，法利賽人計劃迫耶穌放棄祂奉行的恩典和憐憫，或者否棄上帝賜下的律法。「摩西在律法上吩咐我們把這樣的婦人用石頭打死。你說該把她怎麼樣呢？」這些法利賽人設下他們的陷阱，沒有察覺自己遇到勁敵。這一位來顯示上帝驚人的恩典的人，也是那位寫下律法的上帝。這裏沒有矛盾，有的只是機會，讓他們清楚看見上帝對人的心的機會。

「你們中間誰是沒有罪的，誰就可以先拿石頭打她。」她看著有沒有人會拿起石頭時，一定感到十分緊張。沒有人拿起石頭。相反，他們開始走開。所有人都離開後，耶穌再次轉向她。「婦人，那些人在哪裏呢？沒有人定你的罪嗎？」

「主啊，沒有。」她說。

她不知道，留在這裏的這個人是沒有罪的。根據耶穌定下的準則，祂有權丟出第一塊石頭。但祂的話既慈愛又柔和。「我也不定你的罪。去吧，從此不要再犯罪了！」(11 節)

在這婦人的最糟時刻，她倒到最柔軟的地方。其他人想殺她，但惟一有權這樣做的人，卻拒絕這樣做。在不可思議的一刻，耶穌將上帝在祂的神聖中所是的一切，以及我們在祂的恩典中可以成為的一切，兩者匯集一起。我們從祂經歷到那同一的憐憫時，我們也會成為讓別人可以倒下的柔軟地方，一如耶穌那樣。

解開我們的包袱

讓我們面對現實吧 —— 關係可以是一團糟的。關係好時，真的可以很好；但關係變壞時，沒有任何事情能比之更痛苦。

在小學一年級時，我們已經知道人們可以多麼刻薄，以及他們多麼頻常地令我們最大的盼望變成失望。被別人傷害可以令我們對別人抱批評態度和保護自己，不願投資到新的關係上。別人的樣子或行動的方式，往往令我們記起一些令我們不愉快的人物或經驗，如果我們沒有讓過去成為過去，我們會以與那人保持距離作為回應。

我們帶著這種包袱時，怎樣在心靈的層面與別人聯繫呢？學習處理過去，對維持友誼和開展新友誼都是十分重要的。饒恕和接納是肢體生活的清潔劑，讓我們不受過去束縛、生活下去。誰不需要不時有新的開始——有自由離開舊模式和名聲，活於上帝工作的新奇之中？我記得自己上大學時，有一羣全新的同學。我在中學做的一切都不再重要。我珍惜那個機會。如果在基督的身體中的生命，可以每天都是這樣，不是很好嗎？

業餘的高爾夫球手經常給彼此所謂「加擊」。有人打了不穩定的一球，將球打到樹林中或甚至出界時，對手不理會原先那一擊，讓球手可以另打一擊，免於麻煩便繼續打下去。

耶穌給予很多「加擊」。祂不斷饒恕人們，也鼓勵他們這樣做。祂甚至將上帝對我們的赦免聯繫到我們對別人的饒恕之上。在一個比喻裏，有一個因為不能償還巨額債務而獲免去債務的人，但這人卻要求一個欠他很少錢的人還債。最終，這個人被監禁起來。耶穌的比喻指出，我們饒恕別人的能力，直接源自我們從上帝得到的赦免。當我們清楚看到，祂對我們生命中的過犯所給的赦免有多巨大時，便肯定不會想別人要為了對我們遠為輕微的冒犯而負責。

旅途上的同伴

每當我們想到要以我們自己的意志和力量贏得上帝的認可時，競爭便悄悄闖進我們的友誼中。當我們絕對誠實時，我們都知道我們離合格有多遠；因此，我們落入不當的期望，希望上帝會根據常模參照的曲線來評分。我可能不完美，但如果我比周圍百分之九十的基督徒都好，我便肯定自己安全。

但上帝不是這樣想，不過你可以看到，這樣想的人怎樣視其他信徒為競爭者。為了試著比別人更好，他們會誇大別人的弱點，同時又對自己的弱點輕描淡寫。真正的友誼不能在這種環境下興旺。耶穌邀請我們不要成為競爭者，而是成為旅途中的同伴。

在建立團隊退修會的第一天，同工被帶到山腳，分成兩隊。教練駕車到山頂，離開前告訴他們：「最先到達山頂的便算勝出。」較強的人很快將較弱的人留在後面，經過大約一小時後，他們便到達山頂。

每個人都因為自己到達山頂而高興，卻沒有留意到教練還繼續在計時。正當他們爭論誰得勝時，教練不斷望向山下崎嶇的山路。當第一隊的最後一個成員終於到達山頂時，教練按停計時器，宣佈贏出的時間是超過五小時。

另一隊的一個成員說：「但我在這裏等了四小時。我是第一個來到的。」

「我不是指第一個到達山頂的**人**，而是指第一**隊**。」正如教練計劃那樣，參加者覺得受騙，想重新進行比賽。

第二天，同工再次去到山腳。這次兩隊合為一隊，最後一個人到達山頂的時間，成為惟一的關鍵。現在較強的人沒有衝向前，而是留下來幫助那些較慢和爬得不穩定的人。在不到兩小時內，整組人便一起到達山頂。

真正安全的地方

成為讓人可以倒下的柔軟地方，並非表示我們成為門墊，讓每一個人踐踏，也並非表示我們不理會別人的行動。饒恕和接納別人只是表示我們不會要他們因為他們的失敗而向我們負責，而會繼續以愛和恩典回應他們。饒恕令我們脫離別人引致的破壞。它也不會令我們成為那破壞的第二波受害人。

我們可以饒恕傷害我們的人，而又不讓自己繼續受到傷害。我們饒恕，並不意味如果那人想傷害別人，我們也不作聲。我們的饒恕並不是讓人免除所有責任，我們只是不用他們向我們負責。如果我饒恕一個干犯了我的人，這並不表示我不會尋求公義，限制那人不能對別人做同樣的事。饒恕並不意味我們會忘記發生了甚麼事，或假裝那事情沒有發生。

我們在別人失敗和受傷時愛他們，便成為可供他們倒下的柔軟地方，讓上帝將他們拉近，從裏面轉化他們。我們仍會堅定地說出真話，但卻是溫柔及耐心地說。有一件事於我應付特別難相處的人有所助益，那就是明白到受傷的人會做愚蠢的事情。他們的行為愈愚蠢，他們的痛苦往往愈深。有人攻擊我或鄙視我時，我受到以牙還牙的試探。不過，當我明白做這些事情的人本身無比痛苦時，我便可以耐心對待他們，希望我的愛和溫柔可以為他們開啟醫治的門。

學習快快地饒恕，準備按別人的現況接納他們，在他們的旅程中與他們一起上路；這是我們開始真正成為周圍的人的避難所的三個方法。正因為這樣，這些「互為彼此」的經文是初期教會生活的關鍵。

「彼此饒恕」

饒恕能保護我們的關係免被過去所破壞。以饒恕來寬容錯誤和冒犯時，能使別人從事事要求完美底下釋放出來。當人們願意學習一起分享旅程時，這個過程毋須怎樣思考便會自然發生。不斷得到耶穌赦免的人會發覺，不要求別人達到連自己也達不到的標準，是十分自然的事情。藉著赦免犯姦淫的婦人，耶穌不單拯救她脫離死亡，也給她開始新生活的機會。

她有沒有接受這個機會？我們不知道。很多人混淆了饒恕與和好，它們實際上是兩個完全不同的過程。饒恕是單向的行動。它並不使人脫離罪，但卻使那人脫離我的判斷和報復。饒恕別人的傷害，對我個人的健康是必不可少的。藉著釋放別人，使自己脫離報復的渴望，我可以不帶怨恨地生活，並克服別人引起的傷害。

不過，和好則是一個冒犯者和被冒犯者之間的醫治過程。和好要求冒犯者承認自己的過犯，明白它引致的痛苦，盡可能作出補償，並提出不會一再重複地冒犯的保證。冒犯往往不是一面倒的；雙方都可能冒犯了對方。

雖然和好總是可取的，但卻並非總是可能的，因為那冒犯你的人對自己的行為的看法，可能跟你的不一樣。雖然盡力探討和好的可能性，是一個總是值得的嘗試，但無論冒犯者是否承認自己的失敗，我們都仍然有自由去饒恕。耶穌在十字架上赦免那些處決祂和圍觀嘲笑祂的人時，祂不容許自己因他們的自私而引發祂以相仿的方式去回應他們。耶穌沒有回應他們的苦待，祂找到讓自己不受影響地赦免的方法。

要令基督的身體在關係上保持健康，我們需要自由和經常地跳進饒恕的河流。我們都是施工中的工程，大家都在克服不同軟弱的過程中。我們愈彼此認識，愈需要寬容別人的軟弱，但這樣做的回報是大的。當饒恕不是一蹴而就時，不要感到沮喪。饒恕本身是過程多於選擇。是的，我們確實選擇饒恕，但它往往需要上帝在我們心裏工作，帶領我們進入全面的深度和自由，不再以某些事情針對別人。

「彼此接納」

幾年前，我和好些信徒坐在房間中，為著我們當中那麼多人被困境攔住而感到震驚——一位女士的丈夫自殺身亡，一對父母完全拿兒女沒有辦法，有兩個人經歷工作方面的嚴重困難，有一個人被別人誣告他利用工作地點的電腦下載色情物品。再早幾年，我當時最好的朋友迫我離開教會的全職事奉崗位，如今我卻在幫助太太照顧那人家中患了絕症的父母。

當我知道房間裏的重大需要時，我說這似乎和幾年前十分不同，那時我和太太完全不知道任何人正經歷這樣大的掙扎。我問：「這是怎麼回事？」心裏正懷疑我們是否陷於一種要折磨基督身體的邪惡合謀之中。

房間裏人人都了然於心似的。其中一個人問：「我們應該跟他說嗎？」

他繼續說：「不是我們改變了。幾年前，你並不適合讓受傷的人靠近你，那樣並不安全。你擁有所有答案，嘗試藉著給別人建議來幫助他們，從沒有發現你說的話沒有帶來任何幫助。現在你自己經歷了一些困難，你現在安全得多，可以讓人接近你。」

對別人來說，我的軟弱是那麼的明顯，這令我感到尷尬，但這亦解釋了一些令身為牧師的我一直都感到困擾的事情。每當我們舉行工作坊去幫助人們鞏固婚姻關係時，參與的總是不合適的人。那些婚姻美滿的人來令婚姻更美滿。那些正在掙扎的人——我們計劃這些活動的對象——卻總有藉口不來參加。我以為那是因為他們對上帝在他們裏面的工作不認真。我不知道那是因為我不是可以讓人倒下的安全地方。他們想得到幫助，但我做來推動他們的事情卻沒有帶來幫助。

要按別人的本相接納他們，相信上帝會在適當時候改變他們。接納他們是人，並不表示你容忍他們的行為或信念。那只是表示你尊重他們的人性，以致能夠讓他們經歷那過程。人們向那些能按他們的本相接納他們的人開放自己的生命，並遠離那些總是嘗試改變他們，令他們成為應該的樣子的人。

「彼此寬容」

有多少次，我與經歷極大痛苦的人坐在一起，卻完全不知道怎樣幫助他們！我以前感到，如果我不能夠解決困難，我便沒有用。現在我知道人們最需要的不是解決困難。過去多年以來，在我對痛苦中的人說過的話之中，最有幫助的是：「我想你知道，無論這事變得多麼糟，我都會與你一起。」

有時這並不容易。我哥哥患了多發性硬化症，即將死去時，甚至一些最好的朋友也不再探望他。他們說：「我就是不能忍受看見他那樣。」愛的百分之九十是與別人同在 —— 即使在不容易時，也成為安慰的同在。那同在比任何一切都更能界定上帝怎樣對待我們。我們也可以將這同在給予別人。

我記得曾經有一段時間，我總是不能確定自己何時會取得薪金的支票。雖然我感到那工作是正確的，但我經常想到，如果得不到薪金會怎樣。一天，一個事業有成的好朋友將我拉到一旁說：「只要我家人有地方睡覺和有食物吃，你也會有地方睡覺和有食物吃。」我說不出他這話令我多麼安心。雖然我從來都不需要他幫助我，但知道他會幫助我，給予我勇氣繼續下去。

上帝在我們生命中的同在不是這樣嗎？知道我不能賺得祂的愛，以及即使在我最困難的日子祂也會幫助我渡過，給我繼續下去，讓祂解決事情所需要的一切恩典。我們為別人這樣作出這樣的示範時，試想想這示範是多麼有力。

討論問題

1. 如果你不知道耶穌是怎樣處理那個情況的話，你自己會怎樣對待那個在犯姦淫時被逮個正著的婦人？
2. 你的小組可以怎樣成為更柔軟的地方，讓別人可以倒在其上？

3. 你發覺自己在哪方面與其他信徒競爭？甚麼能幫助你結束這種競爭？
4. 回想一個有人願意饒恕你所作的某種冒犯，或者在你生命一些破碎的時刻愛你的經驗。那令你有甚麼感覺？
5. 講述一段別人在你生命中的困難時刻支持你的經歷。你現在怎樣為別人這樣做？或者你現在怎樣需要別人這樣做？

第 4 章

不全是關於你

要彼此親熱。

羅十二 10

恭敬人，要彼此推讓。

羅十二 10

自私不是按自己所想那樣生活，而是要求別人按你所想那樣生活。

王爾德（Oscar Wilde）

我搖著頭說：「我不知道你怎樣做得到。如果是我，每星期教同樣的材料，一定會悶得發瘋。」

桌子的另一邊是《耶穌風格》（*The Jesus Style*）的作者歐文（Gayle Erwin）。在過去二十五年，他每個週末都幾乎在教授一個關於耶穌的本性的研討會。他甚至開玩笑說自己是一招走天涯。身為一個喜歡每星期為同一羣人找新材料的人，我不能夠想像每星期向不同的人教授相同的材料是怎樣的。

他的回答比他著作的文字遠為溫柔。他眨一眨眼睛，帶著微笑回應說：「啊，那麼事奉仍然是『你的事』了！」

自從那時開始，他這句簡單的話便挑戰和祝福了我。在我接受裝備的那個地方裏，事奉是關乎我的恩賜、我的能力、我的熱誠和我的異象的。當我們的生命圍繞著自己的需要和渴望時，我們可以多麼盲目，這實在不可思議。友誼和事奉一旦全是關乎「你」和「你想要或需要甚麼」，你便會發覺，即使你更努力培養它們，你還是愈來愈遠離它們。

我們正就馬太福音五章展開了令人眼界大開的討論，吉爾（Jill）突然提出一個問題：「我們現在可以談論我嗎？」她是單親母親，工作沒有前途，十分渴望友誼，以及有朋友向她表達友誼。她是那麼專注於自己，以致那些想認識她的人也很快感到疲累。

我們大部分人通常不會那麼明目張膽，但結果還是一樣。好像遊樂場團團轉的旋轉木馬，自我專注的生命一定會將別人推開。如果我們要參與「彼此」的喜樂，我們需要讓耶穌重整我們的思想，讓我們察覺別人多於自己。

不是為了我而在這裏

如若有人是配成為注意力的中心，配要求別人為他的需要而服務的話，那人便是耶穌。畢竟祂是上帝。祂創造了世界，給門徒生命和氣息，從世界中揀選他們，因為救贖他們而快將被處決。再沒有別人比祂更配去要求人們滿足祂的每一個奇想。

但祂沒有這樣要求。

「因為人子來，並不是要受人的服事，乃是要服事人，並且要捨命作多人的贖價。」（可十 45）你記得那些話的背景嗎？耶穌剛告訴門徒說，祂準備到耶路撒冷受毆打和釘十架（33 ～ 34 節）。門徒面對前面的可怕事件，你認為他們想必會表達他們對耶穌的關注。但他們沒有這樣做；他們忙於想著自己。雅各和約翰發覺他們已經沒有多少時間去追求身處高位。他們沒有回應耶穌的需要，而是要求得到祂國度中最好的位置。其他門徒也不比他們好，他們因為雅各和約翰率先提出要求而感到憤怒。

這是教導事奉的大好時機！大部分人視別人為自己的僕人，嘗試從他們那裏得到令自己快樂所需要的東西。耶穌想祂的追隨者明白，在祂的國度中，事實剛剛相反。甚至祂自己也不是要別人去滿足祂的需要，而是要去觸及別人的需要。要在基督裏享有滿足和多結果子的生命，若說有甚麼祕訣的話，這就是祕訣了。但這逆轉了我們所有的自然傾向。無論我們遇到甚麼環境，我們都自然地專注於自己的需要和渴望，嘗試得到最大利益或者將痛苦減到最低。正因為這樣，我們想也不想便有自私的行動和防衛機制。

不過，這種要滿足自己的掙扎，是我們最大的暴虐。我們沒有在那刻放鬆，反而不斷想要操控它。我們發覺自己利用別人，而不是愛他們。如果那位有權要求人們這樣注意祂的人也拒絕這樣做，並為別人捨去自己的生命，我們還需要學懂甚麼？

不過，將焦點從我們轉向別人，並不是藉由選擇而來的。

嘗試將每個人的需要放在我們自己的需要之上，會令我們疲累不堪。那些嘗試這樣做的人，最終會轉為為自己著想，因為正如我們都知道，如果我們不照顧自己，沒有別人會這樣做。或反過來說，我們會照顧自己嗎？

活在愛中的生命，只會在愈來愈信任上帝會供應我們的需要，讓我們知道怎樣愛祂放在我們附近的人之中，生長出來。

誰去到我背後？

婚姻中最美好的時刻，不是雙方都要維護自己的權利時，而是雙方都照顧對方的利益時。不是雙方要操縱對方令自己得到滿足，而是雙方都留意對方的需要和渴望。

我們永遠不會因為忽略自己的關注而不以自己的利益為中心；我們必須容許上帝照顧這些需要。耶穌可以一生都回應周圍的人的需要，因為祂相信上帝會照顧祂。祂毋須保護自己或嘗試順從自己的意思。祂知道天父會供應祂需要的一切。

這是多麼了不起的自由！很多人一生都沒有發現，那因相信上帝會照顧他們而有的喜樂。當你知道你整生都在上帝手中，祂可以供應你需要的一切時，你便不再需要犧牲別人來爭取任何事物。你會發覺自己放鬆得足以實際去做祝福別人的事情。

我以前是以任務為導向的人，在每個環境下都有要做的事情和議程。現在回顧起來，我認為我當時的整個表情都在呼喊：「不要騷擾我；我很忙！」因為人們就是這樣做。社會科學家告訴我們，百分之九十三的溝通都是非言語的。無論我們怎樣告訴別人，我們想幫忙；我們的表情都可能喊叫說，我們不想幫忙。

不過，近年我卻發覺相反的事情在發生。我學習相信耶穌會照顧我時，我對自己需要做的事，便沒有那麼緊張，人們似乎感到我更樂意幫助他們。去年夏天當陪審員時，我和另外三百人等候進入法庭。人們分散在法院，我獨自坐在一排椅子上看書。不久，我留意到一個穿著緊身短裙的年青女士走到我那排椅子，她走過二十張空椅子，坐在我旁邊。

由於我差不多五十歲，我認為此事有點奇怪。我轉向她，我們談了幾句。那談話停止時，我繼續看書。「我可以問你一些事情嗎？」她的聲音變得認真。她告訴我她前一晚和父親吵架，她感到很憤怒。

由於我的女兒和她年紀差不多，我能夠和她回顧她與父親的對話，指出如果我向女兒說類似的話，會是甚麼意思。我向她解釋，她父親有甚麼想法，告訴她，她認為是不受歡迎的干擾，可能是她父親嘗試表達對她的愛的行動。由於我不認識她父親，我告訴她，我可能是錯的，但她顯然不認為是這樣。她多謝我，告訴我，她那晚會去探望爸爸，解決那件事。

在談話結束時，我甚至問她與天父的關係。在有法庭傳喚她前，我告訴她，雖然她爸爸十分愛她，但上帝更愛她。她不明白我說甚麼，但我在她裏面播下了種子，有天可能會開花。

期望的詭計

面對耶穌的死時，門徒只關心自己將來在耶穌國度中的地位，耶穌祂大可以為此感到沮喪。但祂沒有這樣。祂知道主導大部分人類關係的那份自私，它在他們還沒失敗以前就已經先於那些失敗來到。事實上，祂的朋友似乎沒有事情會打擾到祂——甚至在馬大認為廚房的例行公事比與祂談話更重要時，或者彼得在祂受審時不認祂，以及現在多馬懷疑祂的復活，在這一切時刻中，他們也沒有事情要打擾祂。

耶穌不以期望裝飾祂的關係，在別人尋求將期望放在祂身上時，祂也拒絕受困。祂在馬利亞和馬大求祂去醫治她們弟弟拉撒路時，延遲到伯大尼的旅程，令她們失望。祂沒有將人們想知道的一切都告訴他們，祂醫治別人也不是為了證明自己的能力。很多人誤解祂，其他人則對祂感到憤怒，但祂仍然按他們的本相愛他們，溫柔地將他們指向真理，讓他們決定是否走向真理。祂拒絕操縱別人，即使是為了他們的好處。人們攻擊祂時，祂也不被壓倒。

那句流行的話是真實的：「期望是等候發生的怨恨。」我們因著對別人有期望，或嘗試滿足別人的期望，而破壞了很多關係。這是永不會行得通的。懷著期望生活的人永遠不會滿足。當然，我們仍然可以愛那些對我們有期望的人，但我們也需要知道，我們永不可能以他們要求的方式愛他們，並因這領悟而得到平安。

吉爾伯特（Gilbert）在醫院留醫了幾天，由於我外遊，不能早點探他。到我探望他時，他抱怨自己多麼孤單。沒有人去探望他。沒有人關心他。我聽他說話時，就更清楚情況如何——至少六個人告訴我，他們探望過他。

「吉爾伯特，你肯定嗎？」我終於問他：「馬蒂（Marty）不是在幾天前來過嗎？還有馬克（Mark）、吉姆（Jim）和保羅（Paul）？」

他側起頭回想。我確實不感到他向我說謊。他因為我沒有去探望他而感到那麼失望，以致未能感激欣賞其他人的探望。這就是期望所做的事。它們令我們尋找我們希望會幫助我們的人，而不是讓上帝差派祂想差派的人。

失望是最確實的測試，證明你受制於期望。你聽到自己說：「如果他們愛我，他們不會（或會）……」或「我為他們做了那麼多事後，你會以為……」時，便知道自己已經落入一個有一種方法能夠逃脫的陷阱。不要讓你的失望，對任何沒有做你認為他們應該做的事情的人發作；而是要求耶穌幫助你相信祂會將你需要的人帶到你生命中，並且不要要求依照你所想的方式來實現。

「要彼此親熱」

兩段「互為彼此」的經文能夠幫助我們將目光轉離自己。第一段號召我們「要彼此親熱」。我經常聽到人們用這句話來鼓勵信徒彼此委身。在過去二千年，教會對委身都充滿熱誠。教會會籍、家庭小組的參與，甚至立約的關係，都用來嘗試促進信徒之間的健康關係。

當然，保羅知道權宜的關係永遠不會有多大意義，但他不認為委身是答案。事實上，你在新約聖經不會找到**委身**（commitment）這個詞；你只會在鼓勵我們**不要**犯姦淫或邪惡的行為時找到**實行**(commit)這個詞。在這節經文中，被翻譯為「親熱」的這個詞語，是一個關係的詞語，描述對別人有仁慈的愛。我們若以好像委身的東西來代替愛時，便是誤以為影子是現實。我們經驗上帝對我們的愛時，會發覺自己心裏對別人有愛。

這並不表示我們對我們遇到的每一個人都有這種愛。如果我們這樣做，我們會忙碌得筋疲力盡。但在你的旅程中，你會找到上帝將你與他們聯繫起來的人。你在心裏會找到對他們的愛。這不會只包括那些容易愛的人；上帝也會令你愛那些深受捆綁或有很大需要的人。從那些關係中，我們會發覺自己更刻意地與一羣弟兄姊妹一起走，可能作為教會、宣教隊伍或團契的一部分。大部分持久的友誼都在小組的環境中形成，人們走在一起，在一段時間內分享基督徒的生命。我一直都盡力參與十至十二人的小組，定期開放和誠實地與組員同行，這在我生命中結出一些特別的果子。

有一次，我向其中一個小組抱怨說，星期六早上我兒子第一次為小學五年級的奪旗欖球隊擔任四分衛時，我卻要外出公幹。我兒子本是後備球員，那天因為正選的四分衛要出外，所以被提拔為正選。我想像到我兒子因為爸爸在他欖球生涯開始時不在而要接受多年的心理治療。

星期六下午，我打電話給兒子，問他球賽進行得怎樣時，他說球賽在第三節結束，因為他的球隊領先三十八對零。他補充說：「爸爸，你知道還有甚麼其他事情發生嗎？一大羣人出現來看我。」星期六早上七時三十分，家庭小組有一半人出現，頂替我在球場旁邊的位置。你不能令「委身」的人這樣做。他們在那裏，因為他們關心艾迪（Andy）和我，我們兩人都沒有忘記這件事。

「凡事都不可虧欠人，惟有彼此相愛要常以為虧欠。」（羅十三 8）如果我們學習彼此相愛，我們不需要任何其他東西。我們不需要委身，我們不會受制於期望，在別人不做我們為他們做的事時，我們也不會失望。上帝的愛不要求回報。你會發現的是，你這樣愛三十或四十個人，只有一兩個會對你施予同樣的關心來作為回應。你與這些人會經歷屬靈羣體的深度，是世上其他一切都不能相比的。

「恭敬人，要彼此推讓」

尊重別人多於自己，只是表示將別人的需要放在自己的需要之上，留意他們的好處。保羅告訴我們，我們的信心愈強，我們便愈有自由遷就較軟弱的人的需要。這在團契的環境中怎樣實行？我們的一切程序都確保較強的人帶領我們走正確的路，以致較弱的人不會帶來破壞。很多人說，任何其他方法都會帶來混亂。

這似乎是真的，但畢竟這是基督的身體，祂有方法，甚至可使用軟弱的人的掙扎，去帶領基督的身體進入更深的轉化。耶穌關心建立健康的關係多於穩定的機構。注入空間，不要求我們想要的東西，而是預備幫助別人得到他們需要的東西，就是真正的教會生命的精髓。

你可以想像如果每個人都成為別人的祝福，基督的身體的生命會是怎樣的嗎？那會為教會生命帶來革新。在今天的普通教會中，百分之十的人完成百分之九十的責任。那是因為我們受訓練成為消費者，在我們的需要得到滿足的地方找到團契——亦即是我們得到餵養，有我們喜歡的崇拜經驗，卸下罪責，孩子得到教導，或者甚至可以找到業務聯繫的地方。

消費者永遠不會發現基督徒羣體的喜樂。只要我們圍繞自己的需要，我們便會錯失選擇別人的需要的自由。消費者永遠不會明白在聚餐時排在最後，幫助確保人們離開前地方得到清理，關心別人怎樣聽到一些話多於說出一些話，以及為了別人的需要而放棄一些自己想要的東西的喜樂。

試想，一羣尊重別人多於自己的人，會在選擇自己的世界中令別人認識上帝嗎？它可以這麼簡單地發生。上帝這樣滿足你時，你可以信任祂會滿足你生命中每一個渴望，你便預備好經歷「互為彼此」的深度。開頭這幾章奠定了基礎，讓我們向上帝帶到我們身邊的那些人，開放自己的生命。現在我們會看這些關係怎樣在時間中開始和成長，然後看成熟的關係怎樣開啟友誼最大的財寶。

討論問題

1. 你有沒有因為嘗試要依照自己的方式行事而破壞一段良好的關係？
2. 想一想你生命中兩個愛你而不期望回報的人。這給你甚麼感覺？你與他們有一種怎樣的關係？
3. 提議一些方法，讓你的小組，不是透過委身而彼此親熱，乃以透過愛而彼此親熱。

4. 有些甚麼實際的方法，可以令你經常在這個小組中尊重別人過於自己？

第二部分
打開大門

你今天的每個朋友都曾是經過你面前的陌生人。友誼始於簡單的一刻：獻出一個溫暖的微笑、一句溫柔的話或一個仁慈的行動……它們打開一條路，讓我們發現上帝放在我們周圍的財寶。

第 5 章

開始的接觸

你們親嘴問安。

林後十三 12

你們要互相款待。

彼前四 9

你藉著對別人感興趣，

在兩個月內可以結識的朋友；

比你藉著嘗試令別人對你感興趣，

在兩年內可以結識的朋友更多。

卡耐基（Dale Carneige）

- 你好。
- 你好嗎？
- 白天好。
- 嗨！

- 你好啊！
- 見到你真好！
- 喂！
- 怎麼了？

我們有很多各式各樣與別人打招呼的方式，這往往視乎我們在哪裏生活，但這些招呼有多真誠？

一個流行的廣告很充分地展示這點。一個德薩斯州人戴著牛仔帽，走進紐約一間酒吧，一個男人與他打招呼，用布克林（Brooklyn）的口音點頭說：「你好嗎？」

德薩斯州人微笑，以濃重的南方口音回答說：「唔，我很好。多謝你問候我。我剛來到……」接著他詳細講述自己那天怎樣過。

那些紐約人睜大眼睛。幾個男人猶豫起來，揚起眉，搖著頭，彷彿在說：「正笨蛋！」接著大門打開，一個當地人走進來。他走到吧枱，坐在德薩斯人旁邊的空位上，低聲說：「你好嗎？」

那德薩斯人將椅子轉向那人，再次開始說：「唔，我很好。多謝你問候……」時，整個房間的人都呻吟起來。

我們誰不曾在忙碌的一天有禮貌地說：「你好嗎？」但只消對方開始講述他生命和他家人生命的狀況時卻退縮了？這正是令這個廣告有趣的地方——它令人感到熟悉。

打招呼往往只是社交禮儀。我們不期望人們認真看待我們，開展詳細的談話，特別是與陌生人。但打招呼實際上比我們所認知的來得更重要。教會找最友善的會友站在門口，讓訪客感到受歡迎。多年以前，我有一位好朋友，他有志成為教會最擅於與人打招呼的人。他十分認真看待這件事，甚至花了一年時間接受一位老先生教導，那老先生十分熟悉那過程。他學習溫暖地微笑，以恰到好處的力度與別人握手，並知道教會的設施在哪裏，讓自己可以為那些給孩子找主日學課室的年青家庭提供正確的指示。他有一顆美善的心去問候他人，但聖經裏彼此問安的鼓勵，不是給少數人的事奉——那是給我們所有人的一種生活方式。

關係開始之處

大部分關係始於真誠地獻出的簡單問候。它可以令談話開始，而談話則可以開展有力地影響兩人生命的友誼。

我們通常不那麼認真看待我們的問候，不是嗎？新約的書信經常提到問安，其中五處甚至提到用親吻來問安。下次你在團契中遇到某人時，那會是怎樣？

是的，我知道第一世紀的以色列和今天我們很多人生活在其中的西方文明有文化上的差異。但即使在今天，中東男人所習慣的問候方式，仍然包括握著對方的右手，左手則放在對方的右肩上，親吻對方的兩個面頰。女人往往以與此相彷的方式彼此問候，但男女之間的普通問候則不會親吻。陌生人之間也不會這樣問候。因此，聖經顯示初期信徒深深涉及彼此的生命。保羅和彼得鼓勵他們彼此溫暖地問候是自然的，就好像他們是好朋友或家人一樣——因為他們實際是這樣。

以今天的忙碌生活和過分擠擁的日程表，我們衝過每一天時，感到禮貌地說一句「你好」或很快地說一句「見到你真好」，也是負擔。我們有多經常停下來想一想我們錯過了甚麼罕有的珍寶？

在第二章，我們談及活出專注他人的生命。最有力的開始，是以真誠的問候顯示自己對別人的生命感興趣，然後花時間聆聽回應。你會因為你得到的一些反應，以及新友誼的大門多麼快地打開而驚訝。

改變生命的問候

「請你給我水喝。」耶穌在一個婦人走近撒馬利亞敍加的雅各井旁時問她。（約四 7）那是不尋常的問候，它沒有理會文化的規範；但耶穌有興趣與她談話，那談話可能令她的靈魂向祂那不可言喻的禮物打開一扇窗戶。

那婦人感到意外。「你既是猶太人，怎麼向我一個撒馬利亞婦人要水喝呢？」（約四 9）

如果耶穌依從社會的規範，祂永遠不會接觸這個女人。但祂在她與撒馬利亞人——更不要說與猶太人——從未經驗過的層面，跟她接觸。那問候不單令她驚訝，也打開談話的大門，讓耶穌在她的破碎中，顯示天父對她的心。他們結束時，婦人召集親人來聆聽耶穌，鎮中很多撒馬利亞人只因為耶穌對一個婦人感興趣而相信了祂。

以自由業者身分參與電視製作行業，令我有機會不時再度碰到闊別了一段時間的同事。他們好些人——包括基督徒和非基督徒——對我那「近來怎樣？」的問候作出回應，在那天找時間與我談論他們生命中的張力和壓力。這些時刻往往令我能與他們分享耶穌，甚至與他們祈禱。在這些沒有預約的相遇中，他們開放地談論個人的掙扎，這往往令我感到驚訝。我認為他們的坦率，是因為多年來我都顯示自己對他們真的感興趣。

給予祝福

除了問候人們的生命外，問候也可以給予上帝的祝福。在路得記，波阿斯從旅途回來，去到田中，他的工人正在收割。他問候他們說：「願耶和華與你們同在！」他們回應說：「願耶和華賜福與你！」（二 4）

保羅在幾乎每一封信的開頭都宣告說：「願恩惠、平安從我們的父上帝並主耶穌基督歸與你們」或某些十分相似的話。（參例如羅一 7；林前一 3；林後一 2）彼得在他的信中寫道：「願恩惠、平安多多地加給你們。」（彼前一 2；彼後一 2）約翰用好像「恩惠、憐憫、平安從父上帝和他兒子耶穌基督」（約貳 3）和「我願你凡事興盛，身體健壯，正如你的靈魂興盛一樣」（約叁 2）等言詞。

我可以想像門徒親自互相問候時，也用類似的話。或許初期教會甚至在擁抱和親吻時，也用這些問候的話。這是彼此鼓勵和一起肯定上帝的祝福的了不起方式！相較之下，它肯定令「怎麼了？」或「你好嗎？」顯得輕率。

當然，用這種過度誇張的語言，在今天可能顯得有點造作，但我們有較簡單的方法表達喜樂和對別人的祝福，甚至作為為他們發自內心的禱告。

猜一猜誰來吃晚餐？

我一家人幾年前搬到田納西州時，人們告訴我，我一踏進教會，便會有人邀請我到他們家裏吃午飯。南方的接待有這樣好的聲譽是好的，我的家人在愛上納什維爾（Nashville）時，也覺得人們很友善，但我們參加當地一個團契一年後，仍然沒有人邀請我們到他們家裏吃飯。

而這些是友善的人！我們感到在團契受歡迎，隨著時間過去，認識了不同的家庭，但從沒有人邀請我們到他們家裏吃飯。晚餐時的團契，如今在基督的身體中變得愈發罕見，而這是可悲的，因為接待是我們將問候變為關係的其中一個方法。邀請別人吃飯和在家裏渡過黃昏，製造機會讓我們更認識他們。最初的基督徒經常這樣做。事實上，初期教會在信徒的家裏興旺。使徒行傳二章 46 節說：「他們⋯⋯在家中擘餅，存著歡喜、誠實的心用飯。」

家庭提供完美的環境，讓關係超越表面，進入更深的水域。友誼在這些環境中開始和生根，在這裏，我們可以有時間探究互為彼此的生命。如果你缺乏你渴望的那種關係，看一看你多經常邀請人們到你家，進入讓關係發展的擴展機會。

我的妹夫居住在內華達州（Nevada）一個細小的沙漠羣體之間。我們開玩笑說喬（Joe）不認識任何陌生人。每當我們探訪他和他太太時，我們都不知道他們家裏有多少人吃晚餐。客人可能包括他們剛巧路過的朋友，無論數目多少，甚至包括他們剛認識的人。喬的家總是開放的，他們對接待有很好的態度——接待毋須完美。你看見的便是你得到的。

我所認識的人之中，很多都避免接待，因為他們以為他們的家需要一塵不染、飯菜美味，方可接待他人。向新友誼打開大門，不是要給人深刻的印象，而是要真實。如果我們不脫離「要戴上最好的面具」這個需要，便永遠不能建立真正的友誼。一切都毋須完美。我們可以訂薄餅，預備熱狗，或做三文治。重要的是有不必匆忙趕急的時間，大家在一起，讓人們看見我們的生活。

更深入

我最大的女兒今年十三歲，她從五歲開始便要求帶朋友來家裏過夜。現在我們最小的孩子也開始這樣做。我問他們為甚麼每天都在學校見到朋友，還要與他們過夜。他們回答說：「這樣比在學校能夠更好地認識他們。」

我不能反對這種看法。花大量時間一起，可以為加深的關係打開大門。在我那服事小組的工作中，我留意到，與少數人花一個週末退修，可以令關係前進四至六個月。人們的關係，超越了關於家庭、工作和教會活動等簡單的閒談，開始讓別人看到他們的真面目。

我太太和我最近回去納什維爾幾天。我們每晚都在不同的夫婦家裏渡過——已經與我們很親近的朋友。那簡單的行動，令那些關係更甜蜜。想一想如果我們那些晚上在酒店渡過，會錯失了甚麼。

在我們繁忙的文化中，花時間發展友誼並不容易，但如果我們不這樣做，我們會繼續感到孤立。問候朋友，真誠地問他們怎樣，但卻因為我們會在約會遲到而中止他們的回答，有甚麼好處？友誼只在我們給予時間時才會成長。社會學家告訴我們，要關係成長，需要每星期有三次人際間的接觸。如果我們想過「互為彼此」的生活，我們需要處理我們與時間的搏鬥。

在邊界留有空間

斯溫森（Richard A. Swenson）在《邊界：怎樣創造你需要的情感、身體、財政和時間儲備》（*Margin: How to Create the Emotional, Physical, Financial, and Time Reserves You Need*）這本書中向我們顯示，如果人們不在生命中留有邊界，便會引致壓力和耗盡。他們以工作、家庭責任和娛樂填滿所有空間，以致沒有儲備給預期不到的危機或機會。

我們的生命需要邊界，正如這本書的頁邊需要空間一樣。因為你的女兒沒有完成數學習作，而比原定的時間遲了十五分鐘出門，然後你又發覺汽車的油缸沒有汽油，於是停下來入了五元汽油，以便不會更遲上班，結果還是遲了三十分鐘。這就是沒有邊界地生活。

加深友誼的機會往往在出人意表的時刻來到。我們可能只是因為太忙碌，不能與別人進行有意義的交往，而錯過了很多「互為彼此」的時刻。我們怎樣克服這個困難？

懷著禱告的心，看一看你多忙碌，並記得你毋須滿足身邊每個人的需要。正如我們較早時所學過的，上帝想我們「一次愛一個人」。如果現在你因為一個簡單的問候或吃晚飯的邀請而感到緊張，可能是時候考慮一下自己是怎樣花時間的。簡單地調整你的日程和態度，可以讓你有自由著重「互為彼此」的機會。

不要以為「互為彼此」是在你所有責任以外加上另一個繁重的任務。找方法在你已經在做的事情上——嗜好、跑腿、家庭計劃和其他活動——加入他人，並經驗團契的喜樂。

你永遠不會知道……

「你們務要常存弟兄相愛的心。不可忘記用愛心接待客旅；因為曾有接待客旅的，不知不覺就接待了天使。」(來十三 1～2) 我旅行時，往往留在邀請我與他們分享的朋友家裏。我經常留下一張好像這樣的字條：「我希望可以告訴你，你不知不覺間接待了天使，但可惜那只是我……」

下一個你邀請來吃晚飯的人，很可能也不是天使，但要小心；你永遠不知道上帝差派誰來祝福你的生命或讓你祝福對方的生命。

看一看你的周圍，找出可以在哪裏接待別人。然後清理你的日程，邀請朋友或你可能不熟悉的人來吃午飯或晚飯。這聽起來很容易——因為實際上是這樣！這往往是無價的友誼的第一步。

討論問題

1. 你通常怎樣問候別人？你是否期望得到真正的回答？
2. 你可以做甚麼令問候更真誠？

3. 讀約翰福音四章耶穌與撒馬利亞婦人的例子。我們可以怎樣脫離問候的正常模式，打開大門進入別人的生命？
4. 你可以提議甚麼實際的方式去實踐接待？
5. 你生命的邊界是怎樣的？分享一些可以在你每週的日程中開放更多空間的方法。

第 6 章

分享上帝的仁慈

要以恩慈相待，存憐憫的心。

弗四 32

不可忘記行善和捐輸的事。

來十三 16

仁慈的話可以是簡短和容易說出的，

但它們的迴響卻真的無窮無盡。

德蘭修女（Mother Teresa）

賈森（Jason）和艾琳（Eileen）第一次敲街上另一邊的新鄰居的門時，鄰居以揮手和呼喊打發他們走。他們解釋他們是誰時，那對較年長的夫婦向他們道歉，讓他們進入。「我們以為你們是另一些耶和華見證人，」他們解釋說。

後來有好幾個時刻，賈森和艾琳知道這些鄰居，在居住在南加州一個正在增長的教會羣體旁邊後，變得多麼憤怒。他們的圍欄被踐踏，他們的車道被參加崇拜的人阻塞。多年以來，那機構都提出購買他們的家，但遭他們拒絕。他們說，一天晚上，那些人甚至操到他們的家，圍繞著那裏唱歌祈禱，為上帝領取他們的產業。那些巡行的人令他們害怕，因為他們不知道那些人在做甚麼。第二天，他們發覺圍欄完全被毀壞。他們最終搬離城市，來到這個郊區。

不久，那對夫婦便發現賈森是牧師，他們明確地表示他們不想談論他的信仰。賈森回應說：「我答應你，我永不會談論我的信仰，除非你主動問我。」

在接著幾年，兩對夫婦經常在街上互相問候，有時也交換派錯了的信件。雖然那關係是有禮的，但賈森和艾琳祈求有機會幫助他們的鄰居，讓他們看到與他們受到的騷擾不同的事情。五年後，機會來了。一天，賈森取信時，發現一張本來要寄給鄰居的賬單。他走過去，發現他們的報紙仍然在車道，於是便替他們拿起來，送到門口。

賈森在那太太開門時問：「你們今天還沒有拿報紙？」

「我們再不能自己拿了。」他們的身體狀況轉差，不能走到一百呎的車道盡處。「我兒子下班後會拿給我們。」

賈森立即回應說：「我早上拿報紙時也替你們拿，好嗎？」婦人叫他不用麻煩，但他知道這會是給他們的祝福。在其後七年，賈森或艾琳早上都為鄰居拿報紙，走到車道，將報紙放在他們後院。

這個簡單的行動打開一道大門。其後的談話變成閒談，繼而是醫藥的緊急情況，以及社區的問題，這讓友誼可以開花，最終鄰居請賈森和艾琳分享他們對耶穌的認識。後來，他們也信了主。當那丈夫去世時，他的太太要求賈森主持喪禮。在多年間一再重複的簡單的仁慈行動，沖走憤怒，軟化他們的心接受福音。

自私世代中的仁慈

在大部分人都追求第一的文化中，隨意的仁慈行為好像沒有月亮的晚上的燈塔那樣明亮。當你不為甚麼原因而提出幫助別人時，可以看到人們眼中的不信任。

他們問：「你在當中有甚麼好處？」從他們的角度，答案是沒有好處，但從上帝的角度，卻大有好處。賈森和艾琳每天早上拿報紙，並不是麻煩的任務。不過，這卻足以令社區中可能不好的關係和壓力的來源，變成友誼。仁慈有這種力量；它是有力的現實。

前面幾章給我們奠定了專注於別人的生命的基礎。現在是時候經驗這樣做的喜樂了。上面那句來自德蘭修女的話是深刻的：「仁慈的話可以是簡短和容易說出的，但它們的迴響卻真的無窮無盡。」而且，不單是仁慈的話。仁慈的行動雖然往往很快和很容易實行，也可以永恆地迴響。

當你專注於別人地渡過每天時，會因為本來會錯失的機會而感到驚訝。給看來迷路的人指出方向，幫助鄰居在庭院中工作，主動提出在朋友住院時照顧他的孩子，在家庭聚會後留下來幫助清理，在雜貨店排隊時讓別人排在你前面，或者給在你閣樓工作的木匠送上一杯冷飲。我可以用這一章餘下的篇幅提供我們彼此以仁慈相待的例子，但當你專注於別人時，你會自己找到這些例子。

問候和接待可以打開關係的大門，而仁慈的行動和分享可以將關係帶進一步。

打破循環

吩咐我們彼此以仁慈相待的經文並不是單獨存在的。它們聯繫到人們受到傷害或苦待的情況。在以弗所書四章 31 節，保羅勸告說：「一切苦毒、惱恨、忿怒、嚷鬧、毀謗，並一切的惡毒，都當從你們中間除掉。」他在帖撒羅尼迦前書五章 15 節補充說：「你們要謹慎，無論是誰都不可以惡報惡；或是彼此相待，或是待眾人，常要追求良善。」別人對我們不起時，我們通常不是這樣行動。不過，保羅鼓勵我們不要好像別人待我們那樣待人 —— 不要以惡報惡。我們不能容許憤怒或怨恨在我們心中找到位置。

但保羅沒有停在那裏；他給我們一些正面的事情去做 —— 要仁慈。顯示仁慈將那循環打破。我們的天性是懷怨。如果有人對我們做了一些事，我們記錄下來，找機會在某天以牙還牙。還擊是甜蜜的。或者我們會以為，我們不理會或者遠離冒犯我們的人，就已經算做得很好。至少我們沒有嘗試以牙還牙。但身為上帝的兒女，我們活在不同的優先次序之下。有人對你不起時，不要好像哈特菲爾德（Hatfields）和麥科伊（McCoys）那樣報復和報仇，而是找方法仁慈地待對方，看「互為彼此」的奇蹟顯露出來。

我讀大學時，有機會參與一隊基督徒樂隊。我們在週末舉行音樂會，暑假期間到美國不同地方服事教會。那是很好的經驗，改變了我們所有人的生命。吉姆（Jim）是主音結他手，他是一個出色的人——他打曲棍球，手指好像樹幹那樣粗。到今天我仍然不明白他怎樣可以彈結他彈得那麼好。

吉姆和我來自不同背景，我們對很多事情都有不同看法——特別是音樂。在自然的層面，我們永遠都不會成為朋友。在第一個暑假，我與我們的關係搏鬥。花三個月在一起令我筋疲力盡——我肯定他也是這樣。我們的衝突並不關乎任何重大的事情，但我們都令對方煩躁。樂隊另一個成員給我明智的建議，我開始嘗試在感到被冒犯或對他感到憤怒時，實踐仁慈。我也專注於吉姆的優點，而他是有很多優點的。改變沒有在一夜之間發生，但事情確實開始改變。那開始時緊張的關係，發展成全面的友誼——而且延續到今天。

我有一些姻親和吉姆居住在同一個城市。我們一年大約可以見一次面，一起吃午飯或打高爾夫球。我珍惜我們的關係，那是保羅勸告我們不要以惡報惡，而是發現仁慈的力量所結出的果子。

慷慨地生活

布倫達（Brenda）經歷生命中一段艱難的時期。她正處於痛苦的離婚當中，要獨力照顧兩個孩子，又為那即將成為她前夫的人而承受沉重的經濟壓力。

與布倫達在俄克拉荷馬州（Oklahoma）的機構辦公室一起

工作的諾瑪（Norma），她留意到布倫達的情況。她經常帶布倫達去吃午飯，她們的關係隨著花時間一起而增長。布倫達在一天結束，穿上外衣時，往往發現口袋裏有一張二十元鈔票。她從沒有問錢從哪裏來，但她自己說：「我總懷疑是諾瑪。她溫柔和充滿愛地與我分享的智慧，今天仍然陪伴著我，雖然我們的談話以及她對我的服事發生在差不多二十年前。上帝使用諾瑪，在我十分需要愛和感到孤單時，向我顯示愛和真正的友誼。她那時真的『舉起我雙手』，我永遠都不會忘記。」

只有在以新的眼光看我們的財產時，我們才能夠好像諾瑪那樣，慷慨地與別人分享。我們擁有的並非真是屬於我們的。一切都屬於上帝。如果我們相信上帝供應我們的需要，我們樂意與我們遇到的人分享上帝給我們的東西，也是合情合理的。分享並不限於金錢。它也包括我們的時間、我們的家和我們的財產。

幫助有需要的人的建制方式總會失靈。私底下幫助上帝放在我們路上的人，卻永不失靈。不要關心扣稅。上帝會加倍補償你的慷慨。你付出的不能超過祂所有的。使徒行傳裏的初期教會，定期分享他們所有的，以致沒有人有欠缺。視你的財產為來自上帝的禮物，在祂要求時，慷慨地將那些財產傳給別人。你發現祂對你是多麼慷慨時，你會找到對別人慷慨的喜樂。

我有一位朋友，他每月將錢包中固定金額的金錢，特別分出來，尋找他可以祝福的人。他學懂自由地拿自己擁有的與別人分享，這為他打開難以置信的大門，去與別人分享耶穌。會拒絕四律或者參加教會聚會的邀請的人，卻因為他的慷慨而向他開放自己。

我一位在田納西州的好朋友，與來到他教會的新牧師，在開始時相處得不好。由於一些關於管理教會事務的衝突和艱難的會議，他們的關係很緊張。菲利普（Philip）並不富有，但一天他感到上帝感動他為牧師買一套西裝。他是理智的人，這件事顯得有點奇怪，但他還是順從。

他打電話給牧師，請牧師在午飯時和他見面。牧師如期赴約，當菲利普帶他到男裝店時，他感到很驚訝。幾分鐘內，牧師便有了一套新西裝。牧師不想接受這份禮物——特別是因為它來自他視為敵人的人。但菲利普堅持要牧師接受。

兩個人對管理教會從來都沒有一致意見，但我相信菲利普對上帝的順服，容許牧師看到他們的不同意見並非針對個人。他在基督裏的弟兄仍然愛他。在衝突中，好像這樣的仁慈行動，是遵行第一段「互為彼此」的經文——**彼此相愛**——的有力方法。

你為我而做

比其他一切更重要的，是耶穌說我們的仁慈行動和分享，顯示了我們與祂的關係的深度。那些愈來愈認識耶穌的人，會發覺自己好像耶穌施予他們那樣施予別人。正因為這樣，在世代結束時，祂可以根據我們給別人的愛來衡量我們對祂的愛：「因為我餓了，你們給我吃，渴了，你們給我喝；我作客旅，你們留我住；我赤身露體，你們給我穿；我病了，你們看顧我；我在監裏，你們來看我。」（太二十五35～36）那些不認識耶穌的人質疑祂的話，問他們甚麼時候看見祂有需要而不施以援手。耶穌回答說：「這些事你們既不做在我這弟兄中一個最小的身上，就是不做在我身上了。」(45 節)

我們在耶穌裏的生命，或者我們有多缺乏這種生命，由我們對有需要的人有沒有憐憫顯示出來。祂看這些行動，就好像我們是或不是為祂而做。祂的憐憫能夠感染人。一旦我們從祂那裏經驗到憐憫，便不能只將它留給自己。

討論問題

1. 描述一個別人的仁慈深深觸動你的時刻。
2. 列出一些方法，是你認為上帝可能要求你藉此向別人表達祂的仁慈的。
3. 討論一下，當你對那些對不起你的人感到憤怒或想報復時，要對他們仁慈有何困難。
4. 你可以怎樣以不涉及金錢的方式與別人分享？
5. 耶穌說你為人們最微小的一個做一些事情時，就是為祂而做，你怎樣回應？

第三部分
分享旅程

在不確定的時刻和黑暗中，有朋友分享你的旅程，會大大增加你的智慧和勇氣。上帝沒有要求我們獨自上路，而是要我們享受祂放在我們周圍的其他人。

第 7 章

減輕擔子

互相服事。

加五 13

各人的重擔要互相擔當。

加六 2

互相建立。

帖前五 11

我不知道你們的命運會是怎樣，

但有一件事是我知道的：

你們當中惟一真正快樂的人，

是那些尋求並找到怎樣服事的人。

史懷哲（Albert Schweitzer）

里克（Rick）和康妮（Connie）居住在海軍基地附近一個岸邊社區。一個星期六早上，他們留意到街上另一邊的庭院需要

打理。庭院的草有幾個星期沒有剪了，花牀周圍的雜草比植物還高。那房子屬於一對海軍夫婦，丈夫出了海六個月。他會在第二天回家，但太太卻十分忙碌，仍然未有時間處理庭院。

康妮有一個想法。

她說：「里克，如果你替他們剪草，我會拔除雜草。」

確保沒有人在家後，里克和康妮剪草、除草、修剪植物，修整那被忽略的庭院。里克和康妮回到家裏，繼續一天的工作。

第二天一早，有人敲他們的門。是他們的鄰居。里克開門時，維吉（Vickie）眼中含著淚說：「我知道是你。我昨晚很晚才回家，以為要剪草到凌晨。當我看到庭院時，簡直不能相信。我坐在車子上二十分鐘，哭了起來。十分多謝你。」

里克和康妮的行動屬於我們哪一段「互為彼此」的經文？彼此服事？彼此擔當重擔？彼此建立？或許它屬於前一章——以仁慈彼此相待。全部都是又怎樣？維吉不理會分類；重要的是她得到她十分需要的幫助。

一個星期前，我太太和我在科羅拉多州（Colorado）沿著洛磯山（Rockies）走上一條陡峭的山路到格倫伍德泉（Glenwood Springs）外面的漢英湖（Hanging Lake）時，記起減輕別人的擔子是多麼寶貴的禮物。在炎熱的天氣，在那個高度向上攀登是十分辛苦的，我們經常停下來喘氣。不過，我們快到山頂時，開始遇到一些走在我們前面，現在正在下山的人。他們知道我們多麼疲累，會看著我們，微笑著說：「那是值得的！繼續努力吧！你們差不多到了。」

那些已經上了山的人，知道我們面對要放棄的疑惑和想法。他們的話令我們的心靈輕省，加強我們的決心，加快我們的腳步。借助他們的熱誠，我們去到山頂，坐下來享受旅程的成果。那真是值得的。我們在回程時，發覺自己向那些正在上山的人說同樣鼓勵的話。知道那怎樣減輕我們的擔子，我們也想與別人分享。

這一章的三段「互為彼此」的經文向我們顯示怎樣幫助減輕別人的擔子。

「彼此服事」

在要去為世界獻出自己的生命，實現自己終極的服事行動的前一晚，耶穌是惟一願意拿起毛巾的人，祂在追隨者來到樓房吃逾越節晚餐時替他們洗污穢的腳。祂從來都不以為，以祂的身分，祂不應該以簡單和實際的方式服事別人。愛會令我們將別人的需要放在我們自己的需要之上，而且是十分喜樂地這樣做。

找方法實際幫助那些面對生命的需要的人，對減輕他們的擔子是有意義的方法。里克和康妮替鄰居修整庭院就是這樣。你心裏想著別人時，也會找到富創意的方式去幫助周圍的人。

太多時候，我們看到別人有需要時會真誠地說：「如果有甚麼需要我幫忙，請立即找我。」雖然這可能是出於好意，但在危機中的人，心裏最不會想到的，是有條理地列出別人可以做甚麼。他們的回應通常是勉強地笑，和半心半意的多謝，不過這通常都不能減輕他們的擔子。雖然在一個家庭失去所愛的人時，我們大部分人都不能想到可以做甚麼實際的事情，但我一位朋友卻在喪禮前一天，去到哀傷的家庭，取去他們會在喪禮穿的所有鞋子，帶到家裏，將每對鞋子都擦得十分光亮，然後在那晚將鞋子送回，讓他們第二天可以穿。二十世紀初的美國作家和編輯豪（E. W. Howe）說：「朋友有麻煩時，不要藉著問對方有甚麼你可以幫忙來煩擾他們。要想一些合適的事情，並付諸行動。」[1]

出於愛心來服事

你整個星期都筋疲力盡。星期六週而復始，在送一個孩子去踢足球和送另一個孩子去生日會之間，你十分需要寄出一些過期的賬單。接著電話響起，團契有人告訴你，她需要你帶晚餐去米歇爾（Mitchell）太太的家。你從沒見過米歇爾太太，但她父親那天上午去世。如果你好像我的話，你有同情心，但你最先說出的話是：「你可以找其他人嗎？」

彼此服事並非總是容易的，期望我們可以滿足我們遇到的所有需要也不公平。嘗試這樣做會是不能承受的重擔。在加拉太書五章，保羅指出我們在基督裏的自由容許我們喜樂地服事別人。有人告訴加拉太的信徒，他們要跟從律法，才能夠得到上帝接納。保羅毫不含糊地指摘這些錯誤的教導是「奴僕的軛」。然後在偉大的宣告中間，他集中在他們服事之樂的自由上：「只是不可將你們的自由當作放縱情慾的機會，總要用愛心互相服事。」（13 節）

對保羅來說，服事不是沉重的責任，而是在聖靈裏行走的自然結果。他總結這段經文時，將我們有罪的本性與聖靈的果子比較：仁愛、喜樂、和平、忍耐、恩慈、良善、信實、溫柔、節制。「以愛彼此服事」標誌著由作律法的奴僕轉向活在聖靈中的轉折。

我們驚歎德蘭修女不可思議的犧牲，以為我們永遠都不能比得上她對印度孤兒的照顧。但如果有一天，你駕車回家，一個你認識又十分喜愛的六歲女孩坐在路旁，無家可歸又捱餓，你會怎樣做？邀請她到你家裏不是很容易的事嗎？德蘭修女在加爾各答的修道院學校教了二十年書，然後才開設孤兒院。藉著容許她的心對那些孩子的愛與日俱增，她以她惟一知道的方式與人接觸。服事是愛別人的自然副產品。

因此，我們應該只服事我們認識的人嗎？當然不是！雖然服事我們認識的人會顯得更自然，服事的行動也可以開始新關係——可能令一個生命向上帝的愛開放。重要的是，聖靈令我們留意到服事的機會時，我們要讓愛推動我們。單出於服從的服事，是奴僕的行為；以愛服事則是喜樂。

與別人建立關係，將痛苦的責任變成喜樂的服事。我們的服事可能不如德蘭修女那麼高尚；那可能只是接朋友的孩子放學，替鄰居剪草，或者帶飯給有需要的家庭這樣簡單。只要我們留意上帝帶給我們的機會，我們便會知道可以在哪裏服事，並以愛這樣做。

「彼此擔當重擔」

有些事情實在太難應付，不能獨自擔當。我看過一些人自行搬動一件沉重的家具。他們通常拉傷背部，將家具撞向牆壁，或者將家具丟掉，弄壞了它。我們會很快衝去幫助帶著重擔的人，但我們也可以幫助帶著更重的內在掙扎、傷害或痛苦的人。這個墮落的世界，充滿對每個人的起跌、考驗和磨難，上帝不想我們獨自應付。

在一個周末的男士退修會，羅伯特（Robert）聽到有人問他朋友添（Tim）的工作情況有沒有改善。羅伯特不知道添的工作情況有甚麼需要改善，於是他決定在那個週末找時間叫他朋友走到一旁問個究竟。羅伯特問添時，添花了點時間才終於開放自己。他從父親那裏繼承的公司變得那麼糟，以致他每晚只睡兩三小時。他延遲了與家人渡假，而且感到很辛苦和疲累。

羅伯特問添，他能不能為他祈禱。在籃球場一個陰暗的角落，羅伯特將手放在添的肩頭，閉上眼睛。羅伯特告訴我：「但我不能祈禱。一陣情感突然向我湧來，我開始哭泣。每隔大約三十秒，我便可以擠出一兩句禱告，但接著便要停下來忍著淚水。我這樣持續了十到十五分鐘。我不知道發生了甚麼事。我只知道上帝容許我稍微感受添揹負的重擔。」

羅伯特終於放棄了，他向添道歉，卻不能解釋為甚麼自己那麼激動。他後來知道，那相遇深深地觸動了添。藉著與添一起揹負重擔，羅伯特幫助拿開重壓著他朋友的擔子。我們毋須找到「正確的話」或「正確的禱告」才能夠帶來分別。人們經歷困難的日子時，很少需要有人解決他們的困難。他們需要的是有人與他們一起走過。

對我們揹負的重擔更開放，會有幫助。添參加退修會時，決定將需要放在心裏，他不想破壞任何人的週末。他幾乎錯過了取得他需要的支持，也令羅伯特得不到幫助別人的喜樂。

「彼此建立」

我們可以減輕別人的重擔的最後一個方法，與實際的需要或甚至特定的挑戰無關。保羅往往勸告初期信徒要彼此建立，或者正如他的說法，彼此教誨。這愛的行動不是設計來解決特定的問題，而是在耶穌的生命中培養別人。事實上，保羅視教誨為信徒聚集在一起的主要目的。

如果我們只專注於彼此幫助渡過艱難的時刻，我們很快會被困難耗盡，因為嘗試應付所有困難而疲累不堪。彼此教誨將我們的焦點放回到耶穌身上，以及生命在我們裏面展開。它幫助我們更接近耶穌，超越任何現時的危機，留意會在未來帶來很大得益的屬靈成長。

幾年前我遇到一個澳洲人，他信靠耶穌的能力深深地影響我。每當我能夠花時間與他一起 —— 自從那時開始，我可以花頗多時間與他一起 —— 我離開時靈裏總感到輕鬆，能夠更自由地信靠耶穌。只聆聽他談及耶穌或與他祈禱，也可以令我脫離更努力的嘗試，釋放我更信靠上帝。我發覺自己在其後的幾個星期沒有那麼焦慮，較不傾向試圖控制周圍的一切，對上帝在我裏面工作的能力遠為有信心。我發覺我自己頗自然地期待與這個人的每次接觸。難怪保羅說彼此建立是我們教會生命的核心。

培養互為彼此的屬靈生命，只是為那些經過我們的路的人提供屬靈的食物和飲品。我們怎樣可以這樣做？每當你有時間和另一個信徒一起，找方法分享上帝教導你和在你裏面所做的事。分享你對祂本性有甚麼認識，是令你對祂感到敬畏的。你在聖經中讀到甚麼是對你內心說話的？祂怎樣讓你知道祂的愛或透過你讓其他人知道祂的愛？

你往往會發覺，你自由地分享你的生命時，其他人也會這樣做。聽到其他人怎樣學習跟隨上帝，發掘他們從上帝的話中找到的智慧，不單會豐富你自己的旅程，也會促進你與別人經驗的團契的深度。這種分享是基督的身體的生命的牛油和麵包。藉著將它們提供給別人，你會以你最初並不總是留意到，但會在別人將來的生命中結出果子的方式幫助那些人。

討論問題

1. 分享一個個人故事，是一個朋友剛好在合適的時候打電話給你或來探望你，並建立了你的。
2. 比較你感到有壓力而出於責任地服事，和出於關係地服事，你在以上兩個情況中有甚麼感覺？
3. 有時候，接受服事比服事別人更困難。閱讀約翰福音十三章 1 至 17 節。如果你是那晚的其中一個門徒，你會有甚麼感受？
4. 你記得一個有人幫助你揹負重擔的時候嗎？那人怎樣做？
5. 想一些富創意的方法，是你們可以在下星期減輕彼此的擔子的。

第 8 章

打氣

天天彼此相勸。

來三 13

彼此勸慰。

帖前四 18

又要彼此相顧，激發愛心，勉勵行善。

來十 24

沒有甚麼比好朋友的鼓勵更好。

哈撒韋（Katherine Butler Hathaway）

我幾乎想放棄了。雖然我認為我在做上帝想我做的事情，但環境似乎證實不是這樣。我缺乏金錢，我的每個計劃都失敗，我擔心我的失敗只會給那些想敗壞我名聲的人機會。

不過，一個電話令我整個觀點改變過來。我一個好朋友在到佛羅里達州（Florida）公幹途中，他突然想看看我的情況怎樣。我將我的困難告訴他，並說我失望得打算放棄。蓋爾（Gayle）經歷過類似的情況，他也這樣告訴我。他跟我說他所學到的一件事情，作為談話的結語：「不要忘記：你跟隨耶穌時，時間和光明都在你那一邊。」他補充說，他相信我所做的事，我應該等候，看上帝會做甚麼。

希伯來書十二章 1 節告訴我們，一大羣見證人好像雲彩一樣圍繞我們。由於他們的鼓勵，我們可以放開阻礙或纏繞我們的一切。我讀那段經文時，看到一段打氣的文字，經文裏滿是走在我們前面的、有信心的男女。他們為我們打氣，要我們無論付出甚麼代價，都要跟隨耶穌。但當我最需要他們時，卻似乎聽不到他們的聲音。為此，我需要好像蓋爾那樣的聲音。他的話給我勇氣，好留在我所走的路上，藉以看見上帝將事情逆轉。

彼此鼓勵、彼此安慰、彼此激勵去愛和行善，是我們為周圍的信徒打氣的三種方法。在他們最需要打氣的時刻，找方法在他們耳邊低聲說：「我相信你！」「你正在做正確的事情；繼續下去！」「上帝大得足以令你渡過這困境。」學懂應該說甚麼的最好方法，是回顧自己的經驗。人們對你說甚麼，能令你更容易信靠耶穌？有甚麼不恰當的話只令祂顯得更遙遠？

「天天彼此相勸」

一個長期的事奉關係變了質，帶來的最後通諜是明顯的。在事奉了十五年的機構的保障和忠於我的良心之間，我被迫作一選擇，我發覺自己脫離了一羣我十分喜愛的人。我駕車到高塞拉斯（High Sierras），以便離開城市，處理我互相衝突的感受。

我停在父母的房子，卸下我的東西，然後才走進樹林。我走到大門時，爸爸截住我，說：「在你離開前，我想讀一點東西給你聽。」他手中拿著一本《信息》（*The Message*），那是畢德生（Eugene Peterson）的聖經意譯本。他讀道：「每次人們擊倒你，或拒絕你，或者散佈關於你的謊言來破壞我的名聲，你都要視自己為得到祝福。這表示真理實在太接近，令人感到不安，而他們確實感到不安。這樣的事發生時，你可以高興——甚至要歡呼！——因為雖然他們不喜歡，但**我**喜歡。整個天上都會鼓掌。」（太五 11～12）在接著的幾天，那段經文排除萬難擠進我的禱告，容許我從上帝的角度看我的痛苦，從而克服了我的絕望。

我們藉著說話或做一些事情，令別人更看到上帝，從而給他們鼓勵。我們愈認識他們，我們的貢獻便可以愈珍貴。當然，鼓勵的話可以是鼓勵別人最明顯的方式，但卻不一定是最有力的方式。我們的同在，一個表示我今天想著你的電話，或者路過去探訪，都可以帶來很大的盼望。出乎意外的禮物或慰問卡，也可以有同等的作用。

在保羅的書信中，「鼓勵」是教會生活的語言，希伯來書的作者補充說我們應該「天天」這樣做（三 13）。任何與基督在屬靈旅程中的人都知道，那道路往往是困難的，有時更是痛苦的，而且幾乎總是有很多令人分心的事情。每天得到鼓勵，不是奢侈，而是必須。我們單從集體聚集得到的鼓勵，並不足夠；我們更需要從個人關係得著的鼓勵，如果我們將鼓勵編織進我們的生命和與別人的交往之中，便會很好。

「我今天可以鼓勵誰？」這是我們所有人每天都可以問的問題。你知道你會花點時間與別人一起時，問上帝你可以說或做甚麼，是會幫助那人經歷上帝的恩典的。鼓勵不是建議、陳腔濫調或空話，好像有人向哀傷的人說：「唔，我們知道她現在身處更好的地方。」敬虔的鼓勵說：「我知道這一定很難受。下午讓我照顧孩子吧。我會立即來。」

「彼此勸慰」

很多讀者可能覺得**勸慰**這個詞不配合我們這課的主題——打氣。勸慰給人的形像是：有人將手臂放在感到困擾的朋友肩頭說：「好了，好了！一切都會很好。」

但保羅在帖撒羅尼迦書信中使用的，是個含義遠為豐富的詞語。它更好的翻譯是「使能夠」。事實上，這是耶穌用來指聖靈的一個詞的詞根。祂稱聖靈為「另一位安慰者（另外賜給你們一位保惠師）」（約十四16），祂會來到我們旁邊，令我們能夠跟隨上帝的目的。

甚至保羅也發覺自己需要這種勸慰。在哥林多後書的開頭，他描述他和提摩太在亞西亞一次可怕的經驗。「被壓太重，力不能勝，甚至連活命的指望都絕了。」（一8）你可以想像保羅和提摩太那麼被困，以致不想繼續嗎？知道好像保羅和提摩太這樣的人有這些感覺，能夠給我鼓勵。保羅說在絕望當中，上帝安慰和解救他們。他回顧他們那些痛苦的環境，並總結說：「叫我們不靠自己，只靠……上帝。」（9節）

勸慰最大的作用是令我們的目光脫離我們的努力和有限的

資源，轉向上帝和祂的能力。那是為保羅和提摩太將浪潮逆轉的安慰。而且，保羅知道他們得到的安慰是他們最終可以傳給別人的安慰。「我們得安慰呢，也是為叫你們得安慰；這安慰能叫你們忍受我們所受的那樣苦楚。」(林後一 6)

這並不像只是同情別人的痛苦，對嗎？這安慰令處於放棄邊緣的人能夠將目光投向上帝，看到祂在他們裏面做甚麼。正因為這樣，保羅是第一世紀最多產的啦啦隊隊長。他的信充滿上帝作為的奇妙以及祂的愛的深刻，能夠與我們經過一切。

「又要彼此相顧，激發愛心，勉勵行善」

激發別人愛和行善，不如告訴他們應該做甚麼那樣簡單。告訴別人應該做甚麼，此舉往往令別人沮喪，更甚於邀請他們進入上帝恩典的更大啟示。雖然，它可以以多種不同的方式發生，激發別人愛和行善，藉著幫助別人看上帝在他們生命中的目的，從而引出他們最好的一面。

我太太有一位好朋友，她現在居住在幾百里以外。她們每年可能見面一兩次。最近我太太面對很大的壓力，但我這個丈夫懵然不知，完全留意不到。幸好，我不記得具體的情況，但記得她感到沮喪——對我！我們剛帶了狗隻出去散步，這往往是我們處理這些事情的時刻，但這次我們仍然彼此疏遠，沒有去處理這事。

我們回到家裏時，我太太決定再帶狗去散步——單獨這樣做。我祈求上帝會在那裏與她相遇——唔，實際上我懇求上帝——但那額外的二十分鐘只令她更憤怒。她後來告訴我，那時她真的享受憤怒，期待回到家裏時讓我好好承受。

她走進屋子時，電話響起。我接電話，聽到她好朋友的聲音，於是告訴她塔米（Tami）打電話找她。她對自己喃喃自語，知道塔米有辦法幫助她超越現時的沮喪。我太太終於拿起電話在笑。我多次為了塔米而感謝上帝。

我太太和塔米幫助對方接觸最好的一面。我太太可以分享她的沮喪——即使當我感到羞愧時——塔米知道怎樣幫助她從不同角度看事情。我太太對塔米也是這樣。當她們任何一人，根據聖靈的簡單感動而打電話給對方時，通常會帶來一些很好的事情。

你也可以為別人這樣做。你的姿態、思想或簡單的愛可以拯救別人脫離他們自己的憤怒、自我或自私，釋放他們在耶穌的生命中更高的層次生活。

國度的打氣

我們可以以多種方式為彼此打氣。好像保羅一樣，我們可以誠實地分享我們走投無路，並發現上帝正在做比我們能夠想像的更大的事情。保羅想哥林多人知道，有時信徒甚至可能對生命感到絕望，但上帝可以變得更大。對那些正經歷我們已經經歷過的事情的人，我們往往可以有更大的憐憫和洞見。你會發覺那些人被吸引到你那裏，你也被吸引到他們那裏。

我們提醒人們聖經怎樣向他們的處境說話時，也幫助他們認識上帝對他們的心。我太太和我往往在最黯淡的時刻以耶利米書二十九章 11 節來彼此鼓勵：「耶和華說：『我知道我向你們所懷的意念，是賜平安的意念，不是降災禍的意念，要叫你們末後有指望。』」

另一個給予鼓勵的方法，是告訴人們，他們多大地觸動了我們的生命。可惜，很多時我們都沒有說這些話，直到別人去世。我們需要將喪禮的談話帶到活人的土地。我雖然欣賞在喪禮時聽到的了不起故事，但我也總是因為明白到我們記念的人在生時很可能從沒有聽到這些話而感到難過。如果他們早些知道的話，會得到多大的勇氣和力量。

我參加過的很多小組，每隔幾個月就預留一個晚上，每次輪流集中在小組中一個人身上。組員應邀與小組分享他們在那人生命中看到甚麼是祝福或鼓勵了他們的。每個人離開房間時都得到很大鼓勵，要繼續在耶穌裏成長。

你毋須同意別人相信或所做的一切，才能夠鼓勵他們更靠近耶穌。記得當人們在掙扎時，他們通常不能回應批評，即使是有建設性的批評。我們稍後會談及彼此說出糾正的話，但人們在掙扎時，將他們指向耶穌最能夠幫助他們接近祂。祂會知道怎樣作出調整而又不會增加他們的痛苦。

沒有用的打氣

人們最常用來彼此鼓勵的其中一句話是：「你需要更信靠上帝！」這句話往往沒有用。正因為這樣，保羅不用它。大部分在困難和絕望中的人，在別人要他們更信靠上帝時，都要壓抑想扼死對方的衝動。當中有好些原因。首先，提出這個勸告的人通常不知道信靠是甚麼，在自己生命出現麻煩時便煩躁不安。

第二，我們不能夠立即更信靠上帝。信靠不是我們可以選擇按要求增加的東西；它只是我們在上帝對我們的愛中的保障增加時才增加。

告訴別人更信靠上帝，令我想到小學三年級的孩子第一次參加賽跑時，他父親喊叫著要他跑快點。比利（Billy）跑在人羣後面二十五碼時，他爸爸喊著說：「跑快點，比利，跑快點！」他不知道比利已經這樣想，已盡了最大努力嗎？令他感到更尷尬有幫助嗎？好的比利啦啦隊隊長，可能表達對比利在第一次賽跑時那麼努力而引以為榮，他可能提出每天下午下班後和比利一起跑，藉以改進他的技巧和條件作用。這就是在這個國度中打氣的方法。

你來到失去工作或因為患病而感到沮喪的人身邊時，在告訴他們需要更信靠上帝前要三思。你可以告訴他們，上帝沒有忘記他們，上帝比他們的掙扎和疑惑更大，你會在他們學習倚靠上帝時與他們同行。激發別人愛和行善，並不是靠指出他們的失敗或推動他們更努力嘗試而達成的；它是藉著幫助他們更接近耶穌而達致。

變得更像耶穌

我在納什維爾導演的一場表演取消後，搬回洛杉磯，我以為上帝想我回到荷李活的主流電視製作。但在那第一年，一個接一個對我事業有幫助的節目都捨我而去。甚至即使製片人在面試時令我充滿希望，我後來也聽到他們選了另一個導演。

我不明白。我知道上帝帶我回荷李活，讓我成為黑暗中的明燈。如果我沒有工作，我怎樣影響別人？我任何在事業上的長進都是祂的得益，不是嗎？我記得大衛也有這種感覺：「耶和華啊，惡人誇勝要到幾時呢？要到幾時呢？他們絮絮叨叨說傲慢的話；一切作孽的人都自己誇張。」（詩九十四 3～4）

我的儲蓄存款不斷減少，我失去另一份可能得到、我認為十分適合我的工作時，我發覺自己陷入抑鬱。接著，在一個陰鬱的早上——外面陽光普照，但我內心卻烏雲密佈——我在與哥哥打高爾夫球時發泄我的沮喪。（似乎總有足夠金錢玩一局高爾夫球。）走到第十五個洞時，他溫柔地說一些我永遠不會忘記的話：「上帝為你而定下的優先事項，可能不是最好的事業，而是最能夠令你更像耶穌的方法。」

那不是我想聽到的話。不過，在最後幾個洞，那話開始進入我內心，我開始將目光由我的議程轉向上帝的議程。我真的想有「完美」的電視工作嗎，如果那不會幫助我轉化得更像基督呢？

如果我哥哥說好像：「你需要更信靠上帝」這樣的話，我可能用高爾夫球棍打他。他沒有叫我做我不能做的事情，而是將我的目光集中在上帝的工作上。雖然我想相信祂，但有一件事不斷困擾著我：如果我犯了錯，令我因為搬回洛杉磯或在面試時表現不好而錯失了上帝想要的東西，那又怎樣呢？

我問哥哥這個問題時，他笑著解除我的恐懼。「如果上帝不比我們的錯誤更大，最終我們不是信靠祂，而是信靠自己的表現，那是一種怎樣的信靠？」花時間再讀這句話吧。這句話能夠改變生命。

工作沒有立即來到。但那局高爾夫球後不久，我賣出一本新小說的計劃書，有時間完成手稿，那是如果我得到前一份工作便不可能完成的。更好的是，我不再專注於自己事業上的挫折，而是專注在上帝的目的。祂是信實的，我也因而更信靠祂。諷刺的是，我寫這一章時，我去年得不到的表演，今年秋天卻聘請了我。在看見上帝的供應以前便走在祂的平安中是多麼美好。如果我在詩篇九十四篇繼續讀下去，我會看到大衛怎樣在發泄了他的挫敗後，提醒自己上帝的信實：「因為耶和華必不丟棄他的百姓，也不離棄他的產業⋯⋯但耶和華向來作了我的高台；我的上帝作了我投靠的磐石。」(14、22 節)

一句關於寫小說的古老格言說：「要顯示，不要講述。」在鼓勵、安慰和激發別人時也是這樣。不要告訴他們，他們做錯了甚麼；不要在他們盡了力時叫他們更努力嘗試——向他們顯示上帝怎樣在他們的痛苦當中。這樣會給他們打氣，也可能拯救你免除捱高爾夫球棍的擊打。

討論問題

1. 想一想你與其他信徒分享你的挫敗的時刻。人們說的話，甚麼是沒有幫助的？甚麼令你更接近耶穌？
2. 為甚麼我們傾向對身處危機中的人提供預先預備的答案（好像「你需要更信靠上帝」），而不是分享我們自己的經驗？
3. 想一想可以怎樣天天彼此鼓勵。不要在這裏製造一個計劃，而是想想可以怎樣更留意別人和他們需要每天得到鼓勵。
4. 分享在你失望時能夠鼓勵你的特定聖經經文。

5. 花時間走遍房間，分享你們在彼此的生命中看到的好事物。上帝曾怎樣用那些人來觸及你的生命？

第 9 章

集合我們的智慧

彼此勸戒。

羅十五 14

互相勸戒。

西三 16

聽從生命責備的，必常在智慧人中。

所羅門王，箴十五 31

你可以花整天在曼克頓（Manhattan）走而沒有人留意你；但你登山時，經過你身邊的每一個人不單會留意你，而且會停下來，問你打哪兒來往哪裏去，這不是很有趣嗎？街道是無名的——人們匆匆經過，去其他地方。那裏有太多人，以致人們甚至不考慮展開談話。你永遠不會去到甚麼地方。「孤單」在大羣人中十分普遍。但我登山時，從未遇過不會停下來作簡短交談的人。山路的同志情誼是即時的，即使你們可能不會再見。

因為在那些短暫的時刻，兩個人分享的幫助和洞見，可以帶來很大的分別。

如果你的基督徒經驗，是活生生的旅程而不是緩慢的禮儀，你會發覺同樣的事情是真實的。我的基督教信仰更為靜態時——包括參加崇拜，做教會的工作，和嘗試做好人——我與別人的團契維持膚淺的關係。我記得，很多個晚上，自己都因為花了整晚和別人一起，但談話卻只涉及天氣、體育、家庭和正在上映的電影而感到挫敗。

我希望有團契，但每次我嘗試提出一些關於上帝或聖經的事情時，談話都變得不自然和別扭。只是在過去幾年，我才明白基督教信仰是一個旅程，走向愈來愈深的關係，和愈來愈闊的自由空間。你在那旅程上時，你很自然會幾乎每次都在談話中談及它，而當你與分享那旅程的人聯繫時，你的談話會是最好的！分享那旅程好像呼吸那樣自然。

鵝還是麻雀？

看著一羣加拿大鵝排成V形飛行是迷人的景象。你認為牠們怎麼能夠這樣做呢？牠們在年青時到V形飛行學校上課嗎？我可以想像到一隻較年長的鵝將投影片投射到在一棵白樺樹上，向年青的鳥兒解釋怎樣在距離前面的鵝兩尺以外，一尺以後，以及飛行路徑的十八寸以上飛行，令下面的人類留下深刻的印象。

不，鵝兒排成V形飛行，是因為這樣飛容許牠們在更順滑的空氣中用更少力氣飛行。如果一隻鵝偏離了位置，牠立刻感到獨自飛行增加了壓力，於是便回到正確的位置。科學家估計，相較於各自獨立地飛，挨著飛在前面的鵝的邊緣飛行，整羣鵝可以飛遠百分之七十一。要實現這不可思議的成就，較強的鳥兒會輪流帶領，令大家都不會疲累。根據美國太空總署（NASA），「這容許一羣能力不同的小鳥以穩定的速度飛行，有共同的耐力」。[2]

你從來都見不到一羣麻雀排成V形飛行，是因為牠們不打算去甚麼地方。牠們在庭院由一棵樹飛到另一棵樹，但最終牠們都在同一個地方。牠們可以嘗試排成V形飛行，但到牠們排成這形狀時，牠們已經去到另一棵樹，不需要那形狀了。

團契也是這樣。如果基督教信仰只是關於禮儀、例行公事和道德，我們的團契會受損。我們可以重新安排我們的小組，或嘗試好些創新的小組技巧，但卻會好像麻雀嘗試排成V形飛行一樣別扭。但當基督教信仰是透過我們處境中的喜樂和挑戰而愈發倚靠上帝的生命，於我們來說，集合我們的智慧就像那生命的自然延續，就好像鵝排成V形飛行一樣。上帝對你來說，比天氣和你一天的事件更真實時，你會發覺祂充滿你的談話，團契會變得即時、有力和有生命。

旅程的談話

一天早上，我參加男士的早餐小組，參加者拿出計分卡，報告他們前一個星期讀了多少聖經，向未信的人作見證，或者在洗澡前已祈過了禱。他們為了他們認為重要的操練而彼此問責。雖然他們真誠地彼此鼓勵，但他們卻真的錯了。

這些人接受了一個一致的過程，認為他們有責任推動人們配合他們的標準。但他們不明白，這個過程與分享基督徒的旅程相反。正因為這樣，問責小組以很大的熱誠開始，但卻很快衰微。你可以想像耶穌拿出相似的計分卡來檢查祂的門徒嗎？

與上帝的關係增長，並非透過配合，而是透過轉化而來。關係是有機的，因此它蔑視所有擠進同一個模式的嘗試。規則、例行公事和禮儀，是構成宗教而不是構成關係的磚塊。受制於注重服從權威的宗教的人，他們維持問責，以人的努力達到標準，找出錯處，對抗失敗，以及怪責別人。簡單來說，配合這些事情可以是頗為痛苦的，特別是對那些掙扎著要做那些得到接納的事情的人而言。人們本能地知道，這些宗教活動不是幫助他們更認識上帝，而是增加旅程中的壓力和張力。正因為這樣，保羅一再告訴讀者，不要與想對別人頤指氣使的人來往，即使他們的目的是更大的公義。（林後十一 13～15；加五 7～10，六 11～19；腓三 2；西二 16～19）

保羅並不反對公義，但他知道真正的公義只源自信靠天父的關係。這國度並不是我們努力的結果，而是源自祂。耶穌說：「離了我，你們就不能做甚麼。」（約十五 5）祂號召我們倚靠祂。我們分享那旅程，不是藉著要別人跟著我們認為對他們最好的做法而行，乃是藉著鼓勵他們倚靠耶穌。

那些在旅程中的人，談及鼓勵、幫助、服事、支持、愛、憐憫、饒恕和信靠。他們會專注於更自由地愛上帝和更開放地愛彼此，信靠上帝而不是信靠自己，真誠而不是重複「正確」的答案，以及冒險跟從上帝而不是配合人們的期望。他們不會將別人擠進模子中，因為他們知道人們需要有自己與上帝的旅程，讓上帝可以轉化他們像祂。這樣做將人提升得更高，而不是以額外的義務和責任加重他們的負擔。

「彼此勸戒」

教導？我？絕對不能！我不可能這樣做。我討厭站在人羣面前。

我們大部分人聽到**教導**這個詞時，想到站在課室一羣人面前演講，實在可悲。這只是真正教導的一小部分。事實上，在人類的大部分歷史中，教導都是一對一，以指導或學徒關係來進行的。你與朋友分享你喜歡的菜譜；告訴別人你喜歡的一篇文章、一本書籍或一個思想；或向一個小孩子顯示怎樣用叉子時，你都是在教導。

我們都是教師。與別人分享上帝給我們生命的洞見，或者我們從別人得到的教訓，是我學習我們旅程中需要的教訓最有力的方法。大部分教導都不是在演講廳發生，而是在談話中發生的，我們在其中分享我們發現的東西，藉此幫助別人。

最難推動小組參加者去做的一件事，是作好分享的預備。我們被一個想法鍛煉太久：我們身為基督的身體聚集，接受少數專家為我們預備的東西，以致信徒不願意分享詩歌、言語、禱告——或任何東西！與其他基督徒聚在一起，應該好像屬靈的聚餐，在其中每個人都帶一些不同的東西來分享。（林前十四 26）

我曾經參加過一個家庭小組，剛開始的時候，我們安靜得可怕。那種聚會是每個人都害怕的，因為沒有人有東西分享。經過一兩首歌後，我們很明顯原地踏步。我嘗試說：「我們今晚都似乎有點疲倦。」人們點頭。「有沒有人預備了甚麼來與大家分享？」每個人環顧房間，但卻沒有人有分享。「那麼我們有兩個選擇。我們可以雖然疲倦仍然堅持，看上帝今晚有沒有甚麼給我們；或者我們可以承認我們都疲倦和未預備好，結束這晚，下星期再嘗試。」

我們同意下星期再嘗試。那只是十分鐘的聚會，但卻是很有力的學習經驗。我們沒有強迫任何事情發生，也沒有令自己感覺良好。如果我們這樣做，就好比在沒有人帶任何食物時假裝聚餐。我們不會成功，我們也不會要求主人拿出冰箱所有東西，給沒有預備的人吃。

除非「基督身體的生命」這觀念抓住我們的心，以及我們發覺上帝想使用我們每個人去與別人分享祂的智慧，否則我們會錯失今天基督的身體擁有的最好教導。每當我看到聖經有些東西觸動我時，我總尋找這些東西或許可以祝福的人。

「互相勸戒」

「你不認為那是你說過最具操控性的話嗎？」

我對我朋友的話不可能更震驚了。他總為我著作或傳講的事情給我鼓勵，我以為昨天那篇關於「外展的胸懷」的講道，是我其中一篇最好的講道。我整天都期望與戴夫（Dave）他一起吃午飯，因為我知道他會留下深刻的印象。

我說：「你在開玩笑吧？」我對這句話一笑置之。他的表情告訴我，他不是開玩笑。我告訴他，我認為那信息十分有力，其他人也給我正面的回應。

他聳聳肩膀說：「我可能是錯的。但我覺得你用罪疚來操控別人，要他們做你想他們做的事。我學懂無論何時，如果我的成功倚靠別人的回應時，我便在操控他們。」

在懷著禱告思想我朋友的話幾天後，我終於明白了。雖然我的目的很高尚，但我操控了聽眾，我打電話給戴夫告訴他。那談話以有力的方式改變了我的生命。戴夫因為個人的友誼而對我說出事實，容許它結出果子。

我喜歡戴夫向我說話的方式。他和我的關係令他可以向我真誠和堅定地說話——身為我的朋友而不是法官。他對我坦白，但在我抗拒時，他沒有嘗試說服我。他相信上帝會弄清楚整件事。那是勸戒——對我們發現作了有害的選擇的人，我們願意溫柔地誠實。你有多少次在談話後希望自己更誠實？

勸戒是初期教會身體生命的一部分。保羅責備彼得在面對猶太朋友時歧視外邦信徒。（加二 11～15）希伯來書的作者責備在艱難的時候放棄信心的信徒。（來十 35～39）不過，好像「**鼓勵**」或「**建立**」這些詞語，新約用了五十六次，但只用了「**責備**」或「**勸戒**」七次。我認為這是頗好的比例。雖然我從戴夫學到一些最大的教訓，但他肯定上帝在我裏面的工作，比他指出他關注的事情，至少多八倍。

人們用勸戒來指出別人的錯，讓自己對自己的感覺更良好時，便殺害了真正的團契。我們不是蒙召不斷彼此對抗，或要求彼此符合苛刻的標準。我們要在由上帝轉化的旅程中彼此鼓勵，只在能夠幫助別人以更大的智慧行走時，才勸戒他們。

我們曾作的鼓勵，會令勸戒更容易被人接受。不要將勸戒強加給別人。分享你看見的事情，相信聖靈會向他們清楚說明。要記得我們只是分享旅程；我們不是蒙召纏繞別人要變得公義，或者挑剔彼此的錯處。

討論問題

1. 你與其他信徒過往曾有甚麼經驗，是令你的旅程更容易的？有甚麼經驗是令那旅程更困難的？
2. 探討你的小組可以怎樣彼此分享所學到的東西，包括在小組時間和個人談話。
3. 上帝在你個人生命中教導你甚麼？
4. 你可以想到一個人們勸戒你並對你有幫助的時候嗎？不是很有幫助的時候又怎樣呢？分別在哪裏？

第 10 章

帶到上帝面前

互相代求。

雅五 16

「奉耶穌的名」祈禱表示在祂的靈裏祈禱，

在祂的憐憫、在祂的愛、在祂的憤怒、

在祂的關心下祈禱。

換句話說，那表示好像耶穌自己那樣祈禱。

威爾遜（Kenneth L. Wilson）

「我不肯定可以為你那樣祈禱。」

你會以為我只是因為桌子周圍那些人張口無言而感到惱人。那個剛要求我們為她女兒不會搬去與男朋友同居而祈禱的女士，或許是最震驚的一個。我們的家庭小組剛吃完晚飯，正在分享過去一星期的事情。吉爾（Jill）講述她女兒的計劃時，其沮喪人人皆見。

當他們都換了一口氣時，我解釋說：「我認為這裏所有人都明白為甚麼你想上帝阻止她那樣做，但如果我們作那樣的禱告，我們不是要求上帝違背她的意願嗎？」

我可以看到吉爾差不多挫敗或憤怒得不能自控，於是我趕快說。「我想祈求的，是上帝會向你女兒顯明自己，讓她清楚看到她所作的選擇。我也想為你祈禱——祈求上帝會向你顯示怎樣信靠祂，怎樣愛你的女兒，即使她犯了年青的生命中最愚蠢的錯誤。」

我還沒有說完，吉爾就流著淚說：「那正是我需要的。」

分享那旅程的其中一個最好的方法，是一起將我們的關注帶給上帝，幫助彼此支取祂的智慧和能力。正如「互為彼此」的其他方面，我們會再次在這一節看到，我們愈了解某人，便愈能夠有效地愛他們。我們對別人的知識和我們對他們的憐憫，在禱告中是有力的工具。

有沒有人要求你為不認識的人祈禱？那些禱告往往是概括和缺乏重要的同理心的。你會怎樣為患了乳癌的陌生人祈禱？但如果病人是你朋友卡西（Kathy），她要照顧兩個四歲和七歲的孩子，在丈夫兩年前拋棄他們後便一直孑然一身，她正面對財政困難，又沒有醫療保險，那禱告不會十分不同嗎？

好像耶穌那樣為別人祈禱

歷代以來所寫關於禱告的東西——從摩西最早的禱告，一直到我們這個時代的信徒的禱告——可以填滿很多圖書館。我們可怎樣使用那些資料，學習在「互為彼此」的處境下祈禱——

在各人那基督的旅程中，一起以能夠鼓勵、提升和服事別人的方式祈禱？

這一章開頭的引文，體現了其中很多個方面——以耶穌的憐憫和愛，甚至以祂對敵人嘗試實現的事情所感到的憤怒，並總連同祂的關注來祈禱。那是我想為周圍的人作出的禱告。但是，若要這樣做，我便需要調節自己的目的，使之與主對人們的目的一致。太多時候，我聆聽代禱的要求，然後立即按別人要求的方式祈禱。但那是最好的方法嗎？

讓我們以一個誇張的例子解釋這點吧。假設一個女人走來對你說：「請為我祈禱。我決定離開丈夫，與另一個男人一起，為這件事，我想到上帝的平安。」你會樂意為她這樣祈禱嗎？當然不會，這個情況是明顯的；其他在上帝的目的以外的要求，可能沒有這麼明顯。在吉爾的情況，驟眼看來，祈求她女兒不會搬去與男朋友同居似乎是合適的。那是家庭小組中所有人的渴望，但那樣的禱告對嗎？我們應該期望上帝取代她女兒的自由意志嗎？我們知道這不是上帝的本性。

但甚麼會比吉爾的女兒犯這麼嚴重的錯誤更重要？我可以想到兩件事——吉爾會與耶穌建立一種關係，無論女兒有甚麼決定，吉爾都能夠相信上帝會向她顯示祂對她女兒的愛。

有人要求我為他們生命中的需要祈禱時，他們的實際要求，不是我的出發點。我的第一步是問上帝祂想我怎樣祈禱。我知道你在想：**我要尋求上帝對我自己生命的旨意已經十分困難；我怎能找到祂對別人的旨意**？這個問題是成立的，但我不是說你要負責找出上帝對別人的旨意，我只是提出，較好的做法是花時間要求上帝顯明你應該怎樣祈禱。然後停下來聆聽，看聖靈怎樣推動你。可能正是他們所要求的，或者可能是頗為不同的事情。無論怎樣，我的渴望是盡量接近上帝所想要的那樣去禱告。這就是靠著聖靈祈禱的意思嗎？想像一下我們知道我們與上帝的旨意一致時，我們對禱告會有多大信心。

不要有保留

即使有著全部透過禱告推進我們的關係的重大理由，但太多時候，即場為別人祈禱都令人感到不自然。這可能有很多原因，但我最常聽到的，是人們害怕在別人面前祈禱。

我們有一個錯誤的觀念，以為上帝重視雄辯多於憐憫，祂只會在我們找到正確的用語時才會聆聽我們。祈禱不是表演；那是誠實地向上帝表達我們的內心。如果你可以放鬆，在上帝面前真實地表達你的關注、渴望和要求，你會發覺自己更能表達自己的所想所求。

想像你與上帝談話，就好像一個五歲的孩子，爬進父親懷裏，與他分享自己的傷害、挫折、渴望和需要那樣。如果她犯錯或不肯定要說甚麼，那都不要緊；他已經明白她的心，很高興與她一起。與你的天父誠實地分享你的內心。耶穌的工作容許我們這樣做。不完美的祈禱往往比來自講壇的完美演說更能服事到你為之禱告的人。我們可以以自己的本來面目，帶著我們一切的不完美，去到宇宙的上帝跟前，祂不單在那裏聆聽，也向我們顯示祂的渴望和分享親密的友誼。

與另一個信徒就他們或你的關注而一起禱告片刻，可以將潮流逆轉，向上帝的工作打開大門。正因為這樣，耶穌提醒我們，哪裏有兩三個人奉祂的名聚集，祂便會在他們中間。（太十八 20）人們要求你在禱告中記念他們時，不要只答應將他們加到你們的禱告清單上。問他們，你可否立即去到一個不起眼的地方，花點時間祈禱。你不需要擔心會忘記代禱，你也會有比稍後獨自祈禱有力得多的經驗。

有效地祈禱的建議

分成小組或一對一地祈禱。分成小組祈禱，能給我們時間處理某人的掙扎，並有助辨認出上帝的工作。甚至如家庭大小的小組，對這種祈禱來說，也可能是太大的。我總發覺分成兩三人一組，讓參加者一起探討那情況，會更有效。

講述情況，而不單是你的要求。如果我們在禱告中要求非常具體的結果，我們便大大限制了可以祈禱的方式。我有一個朋友，他要求我們祈求他服兵役的弟弟不會被派去參加波斯灣戰爭。這令人們感到祈禱時受到限制。如果他告訴我們，他弟弟的情況以及他對弟弟的安全感到擔心，不會更有效嗎？那樣我們便不單可以為他的安全祈禱，也可以為他的態度、他倚靠主和很多其他可能性祈禱。那甚至會容許我們為他的恐懼和有能力在那處境中信靠上帝而祈禱。

從上帝的角度看那情況。在跳去要求你想要的事情前，停下來想一想上帝可能想甚麼。我們大部分祈求都是按我們認為最好的事情而作的，但卻可能與上帝想要的事情有抵觸。法利賽人威脅彼得和約翰，叫他們不要再分享耶穌，否則便會面對嚴厲的懲罰（徒四 15～31），我喜歡他們當時所作的回應。他們當然感到害怕，但他們稍後與其他信徒聚集祈禱時，他們沒有祈求對他們來說最容易的事情。他們可以祈求上帝令法利賽人在第二天歸信，或者從地上消失。但他們認為這兩個選擇並不符合上帝在歷史中的工作或耶穌的榜樣。他們祈求自己能壯膽，繼續做上帝要求他們做的事情，即使他們知道可能會因此被毆打、監禁或處決。

布萊卡比（Henry Blackaby）的《經歷上帝》（*Experiencing God*），最令我欣賞的其中一項事情，是它邀請我們信靠上帝可以向我們顯明祂在每個情況中做甚麼。可惜，太多人視祈禱為我們模塑上帝的方式，而不是祂模塑我們的方式。

讓你的禱告源自信任。恐懼是禱告的死因，因為它是信任的相反。從前，我的禱告大部分都是由我的焦慮和恐懼推動，甚至到了我四十出頭時，仍是這樣。在這過程中，我明白了一些事情：我與耶穌的關係，最好的衡量方法是：我無論身處甚麼環境都能夠信任祂的能力。祂很少答應我那些請祂解決我困境，導致我會較少信任祂的禱告。祂總是渴望我會更信任祂。源自我們在祂愛中的保障和對祂本性的信心的禱告，會最有效。當我發現我從不安全或恐懼的地方來到上帝面前時，我首先祈求上帝的愛在我的環境中更完全地向我顯明。那令我更能夠尋求祂的旨意，並相信結果從永恆的角度看，會是對我最好的。

不要評估責備。我們很容易落入陷阱，以為如果我們夠好，上帝便會應允我們的禱告。我們這樣想時，很容易在我們期望的應允沒有出現時，責備有需要的人。我看著我哥哥患了多發性硬化症，在四十九歲生日前三天去世。我們在他與這病搏鬥的十二年間，一直都為他祈禱。我們相信上帝惟一的渴望將是醫治他，當他的病情惡化時，我們都感到沮喪。我們以為他一定做錯了一些事，令上帝不醫治他，於是開始在他的生命中找弱點。要任何人忍受這種審查，是多麼可怕的事情，更別說承受著這樣大的痛苦的人了！

為了未蒙應允的禱告怪責別人，將焦點放在那人而不是上帝身上，是正常的反應。我年青時，學習駕駛飛機，那時，我總因為機師每當聽到有飛機失事時都猜測是失事的機師犯錯所致而感到驚訝。他們不是憎恨其他機師；而是他們都想相信，如果他們一切都做得正確，便不會失事。很多信徒都有相同的感覺。我們不喜歡聽到災難性的事情可以發生在敬虔的信徒身上。但確實會這樣，這種想法不會容許我們在危機中彼此支持，而會令我們在別人最需要我們時，疏遠他們。

我不知道為甚麼上帝不醫治我哥哥，我很可能要到了在天堂再見到他時才知道答案——但這並不表示由於他得不到醫治，那便是他的錯。可惜，我們活在墮落的世界，我們所有人都要應付疾病和死亡。這也並不表示我祈求他得醫治是浪費時間。即使禱告似乎不以我們希望的方式得到應允，我們也仍然可以在愛中忠心。繼續努力，是禱告進入「互為彼此」的其他領域——愛、高舉、揹負重擔、服事和鼓勵——的時機。

合一地祈禱。每當你與別人一起祈禱時，不要害怕與他們討論你心裏想到的事情，看他們是否認為那是對的。如果他們同意，你們可以合一地祈禱。如果他們不同意，不要強迫他們。如果你心裏的想法來自上帝，種子已經播下了。他們可能在另一個時間回來，要求你朝那個方向祈禱。你們的討論可能發掘出你們真正能夠同意的領域。有兩三個人從不同角度看同一個情況，對上帝的工作有同一個洞見時，我得到很大的鼓勵。耶穌說，如果我們有兩個人同意，祂在天上的父會答應我們的祈求。（太十八 19）

用聖經祈禱。借用聖經的禱告會幫助你為別人祈禱，知道你的禱告合乎上帝的旨意。看保羅怎樣禱告：

- 照明你們心中的眼睛。（弗一 18）
- 求他按著他豐盛的榮耀，藉著他的靈，叫你們心裏的力量剛強起來。（弗三 16）
- 好叫你們行事為人對得起主，凡事蒙他喜悅，在一切善事上結果子，漸漸地多知道上帝。（西一 10）
- 因此，我們常為你們禱告……用大能成就你們一切所羨慕的良善和一切因信心所做的工夫。（帖後一 11）

其他經文也可以幫助我們在為在掙扎中的人禱告時配合上帝的心：

- 但那等候耶和華的，必從新得力。
  他們必如鷹展翅上騰；
  　他們奔跑卻不困倦，

行走卻不疲乏。（賽四十 31）

- 你要把你的重擔卸給耶和華，
他必撫養你；
他永不叫義人動搖。（詩五十五 22）

- 我們不至消滅，是出於耶和華諸般的慈愛；
是因他的憐憫不致斷絕。
每早晨，這都是新的；
你的誠實極其廣大！（哀三 22～23）

跟進。與別人祈禱後，過幾天打電話跟進，看他們以及我們的禱告有甚麼結果；沒有甚麼比這更能表達我們對有需要的人的關注。我們沒有經常跟進，我確信是因為我們很少盼望我們的禱告會有很大影響，不想記起這件事。但如果我們的目的是集中注意力在上帝所做的事，看祂在我們的處境中成就祂的旨意，我們開始的禱告只是過程的開始。

如果沒有事情發生，我們可以向上帝求智慧。在這情況下，祂是否在做一些與我們想法不同的事？祂是否教導我們堅持我們已經開始的事？留在過程中，直至有些事情得到解決，這不單會是祝福，也會是訓練我們迎接將來的禱告的機會。

跟進我們為之祈求的人的情況，另一個好處是：它給我們機會，在看到上帝怎樣在那處境中行動時，與其中的人一同喜樂。在旅程中，有另一雙眼睛指出主在哪裏與我們同行，往往是有幫助的。

腓立比書四章 6 節邀請我們向上帝提出任何祈求，但卻沒有叫我們期望祂以我們希望的方式應允我們。聖經和生命經驗清楚表明，祂不是「專門充當臨死孩童教母的仙女」，揮一揮魔術棒，便會令一切環境都依從我們的想法。真實的禱告是參與別人的需要的一個過程，就我們對上帝的工作的最佳理解來祈禱，然後留在那情況中，直到我們看見上帝的工作完結。學習好好地這樣做，可以帶來有效的禱告，以及在關係中了不起的成長。

討論問題

1. 你可以想到一個你曾作出的祈求，是上帝沒有按你想的方式應允，但卻證實遠比你想的更好嗎？
2. 討論一下，如果有人感到受帶領，要以有別於你提出的祈求方向來祈禱，你會如何反應。
3. 有甚麼令你不立即為那些提出代禱的人祈禱？
4. 想一想我們可以怎樣令我們的禱告更像耶穌的禱告。
5. 讀彼得和約翰在被猶太宗教領袖威脅時禱告的故事。（見徒四 23 ～ 31）從這個在逆境中祈禱的榜樣，我們可以學到甚麼？

第四部分
成熟的關係

你與別人分享旅程時，你會發覺有些關係會在別人顯示他們對你的愛和關心時加深。你發現好像這樣的關係時，你即將享受「互為彼此」最深刻的表達。

第 11 章

真誠的條款

彼此認罪。

雅五 16

要彼此同心。

羅十二 16

我們的教會有很多人，他們外表看來滿足和平安，

但內裏卻渴望別人愛他們……

按他們的本相——迷惘、沮喪、害怕、罪疚，

往往不能與自己的家人溝通。

但教會其他人看來那樣快樂和滿足，

以致人們很少有勇氣，

在一般的教會聚會表面看來那樣自足的羣體面前

承認自己有深刻的需要。

米勒（Keith Miller）

蕾切爾（Rachel）好像箴言三十一章描述的理想婦女一樣。身為妻子和母親，她盡力應付很多責任，總是表現出色。她的家裏和庭院都一塵不染，她的孩子循規蹈舉。她主動事奉，在她接受的每個任務中盡心盡力。很多人都羨慕她。任何認識她的人，如果聽她那天早上的表白，都會感到震驚。她雙眼含著淚，向我承認她感到很孤單。她說似乎沒有人關心她。每個人都利用她的恩賜，但所有經過她生命的人，沒有一個成為她的好朋友或知己。

起初是對我們團契的不友善所作的譴責，很快便成了自我發現的時刻。我們談話時，蕾切爾開始明白，其他人與她保持距離，是因為他們錯誤地以為她比他們優越。他們對她完美無瑕的生命還可以加上甚麼？那天早上，蕾切爾明白她那麼忙於維持完美妻子、母親和信徒這個幻象，以致沒有人可以認識她。

我問她：「你有沒有與任何人分享你自己的這一部分？」

她回答說：「今天之前沒有。那實在太尷尬了。」

但這正是她需要起步的地方。關係不是建基於幻象；而是建基於生命的真實掙扎。好像蕾切爾那樣，我們很多人花很多時間投影出完美的基督徒形像，以致別人沒有機會真正認識我們。我們怪責別人不關心我們，但我們卻沒有給出任何真實的東西，讓他們去關心。令人們彼此親近的，是他們掙扎、疑惑和軟弱的現實。沒有這種誠實，我們的關係只會停留在表面。

認罪的力量

我們不以彼此認罪作為得到上帝赦免的條件。我們認罪，是因為耶穌在十字架上的工作，已經保證我們得到赦免。聖經鼓勵我們彼此認罪，讓我們可以邀請別人進入我們的掙扎。

你最親密的朋友，不是那些最認識你但仍然愛你的人嗎？你在他們身邊時，你不會感到要假裝，你發覺自己在他們面前真實地生活。可惜，太少人經驗到這個層面的關係。

「我不知道還有其他人為這事掙扎，但……」我聽過幾十個人在揭露他們生命某些隱藏的方面時，以這樣的句子開始。事實上，我們都在掙扎。沒有任何試探、軟弱或疑惑，是其他人不曾掙扎過的。人們不知道這點，顯示信徒間缺乏真誠的友誼。我們害怕讓別人看到我們投影出來的形像以外的現實，這恐懼令我們得不到我們渴望的友誼。

承認我們的罪，揭露我們的疑惑，讓別人看見我們的掙扎，這種自由，能夠實現三件事情。首先，它容許其他人認識真正的我們，有助培養友誼。第二，它容許我們尋求那些因為我們失敗和軟弱而得罪了的人的饒恕，並找方法補救。最後，它容許上帝的光照進我們的破碎，並容許其他人幫助我們，大大促進醫治的過程。

關係成熟時

我將認罪和順服留作最後兩段「互為彼此」的經文，是因為隨著關係成熟，這兩種特質會表現得更多。我們不向陌生人或新朋友開放我們生命中最黑暗的地方，或者聽從他們的意見去作我們的選擇。這些情況在友誼加深時才自然地發生。對別人誠實並不容易，因為我們大部分人都在自己最弱的地方受過別人傷害或操控。我們毋須因為別人自稱信徒而對他們開放，但我們可以容許關係成長，以致人們可以恰當地處理我們分享的深度。

幾年前，我太太和我搬到一個新城市，在那裏我們不認識任何人。我們聽說那個城市有一個家庭小組，著意接觸那些二十出頭的人，就很想多了解這個小組。一天晚上，我們參加這個小組，希望可以找到積極投身「互為彼此」的信徒。

但我們很快便感到失望。他們做的第一件事是傳三頁紙給房間中的三個人。每個人讀出「團契守則」，是要確保每個人都受到尊重、愛和保密這種對待。

雖然我欣賞他們渴望製造一個令人們感到可以放膽誠實的環境，但我不同意他們的做法。他們的「守則」只能夠取代源自真關係的親密。長遠來說，它們只是提供親密的幻象，而不是親密本身。我多年以來學到的一件事情是，任何傾向說你閒話的人，他們也樂意說謊。沒有甚麼可以取代隨著時間過去而建立的真關係。關係是有機的現實，你很快發現周圍哪些人是你可以誠實地向他們開放，哪些人是你最好與他們保持距離的。即使在那些宣稱是教會一部分的人中間，你也會發覺很多人不斷批評別人、自我中心和具破壞力。他們說閒話，歪曲你的話，盡力將他們的意見強加於你。雖然我們仍然可以愛那些受制於這些事情的人，但我們毋須讓他們接觸我們內心的深處。

你學習自由地愛你周圍的人時，你會發覺在那些關係中，有些人對你有同樣的愛和關心。透過你與他們的接觸，你會發現他們是安全的地方，讓你可以放下一些包袱，你會發覺你與他們進入更深層次的真實。

衡量交情

我四出周遊時，人們往往問我怎樣衡量一個小組的健康狀況。我知道人們對「自己正在做正確事情」尋求肯定，但我不認為我適合給他們評估。相反，我給他們一個衡量的尺度：比較在小組中出現的閒話和認罪的數量。這兩者不能並存。人們不嘗試隱瞞自己的軟弱時，你不會發現別人在角落低聲講述這些軟弱。罪總是在陰影中興盛，人們學習真實的自由時，便比較少陰影讓人躲藏。

不過，那些隱藏自己的軟弱的人，會突出別人的軟弱。而這是很容易做的！由於我們都在接受轉化，看到彼此的缺點並不困難。那些說閒話的人這樣做，是因為他們為了自己的失敗而感到沮喪，只有在揭露別人時，自己才感到好過。他們誇大別人的軟弱，對別人的動機作出假設。這些策略破壞團契和分裂小組。每一方都感到自己比別人優越，從沒有發覺他們對彼此的觀感，往往是建基於自己的想像。

團契在哪裏存在，真正的閒言閒語便沒有地位。正直的詢問很容易揭露閒言閒語，在人們不願意繼續傳播謠言時，閒言便會停止。每當有人對我抱怨某人說或做了甚麼時，我在他們說出細節前截住他們，即使我很想聽那些細節。我說好像這樣的話：「在你進一步行動前，讓我找那個人，安排大家一起吃午餐，將事情弄清楚。」你不會相信這樣可以多快地停止閒言閒語。

人們不會在某人聽不到時散播甚麼對他有害的言論，誠實是那麼普遍，以致沒有任何空間能隱藏在黑暗中。你會不喜歡在這樣的一羣人中生活嗎？約翰寫到行在光明中時，正是這個意思。（約壹一 5～10，二 9～11）他並非表示我們行得完美無瑕，而是我們在真誠的自由中行走，以致人們可以按我們的本相認識我們，我們也可以參與轉化的過程。

真誠的自由

有一天，支薪金給我的人要求我依從他們的想法，即使我告訴他們，這樣做會違背我的良心。決定與他們分離，是我做過的其中一件最困難的事情。我不肯定我是對的，我也不肯定他們是錯的。我知道我可能被自己的熱誠蒙蔽，而且肯定不想犯這個錯誤。

不過，最終我知道我不能夠留下來。我得出那個結論，不是因為我認為自己比他們聰明或屬靈。讓我有自由這樣做的，是我渴望別人認識真正的我。如果我離開，是不受約束的自私舉動，我需要知道這事實。我記得自己禱告說：「天父，這是我知道的最好決定。讓人們看到它的真面目。如果我錯了，讓每個人都知道。如果我在跟隨祢，請祢肯定它。」只有當我願意活在真理中，無論事情怎樣發展，我都有自由做我認為上帝希望的事情。

那並不容易。我一生大部分時間都在假裝。我總善於找出別人期望甚麼，並滿足他們的期望。這令我渡過了大學和二十年的事奉生涯。我習慣了別人的認可，每當別人不喜歡我說的話或做的事時，我都感到很沮喪。甚至在這決定中間，我事奉的同事也訴諸這渴望，他們問我：「別人會怎樣想？」

找到自由去脫離別人意見的宰制，是在耶穌裹的生命中，其中一個最大的喜樂。只要你為了別人的認可而活，你便由選擇説關於你的謊言的人所擁有。我們要解放別人，脫離要別人認可的渴望，而不是利用這些渴望來要他們「更像基督徒地行動」。耶穌不是來訓練一代演員，而是要轉化人在世界中真誠地生活。

我喜歡斯托德（John Stott）對謙卑的定義。《今日基督教》（*Christianity Today*）慶祝他的八十歲生辰而作了一次訪問，在訪問中，這位著名的英國作家兼神學家説，謙卑「不是虛偽的另一個説法；而是誠實的另一個説法。它不是假裝我們不是的人，而是承認關於我們是誰的事實」。[3]

真誠地生活，是一種「以本來面目讓人認識」——包括優點和弱點——的自由。明白上帝的心的人喜歡這種生活方式，而沒有這種理解的人會努力嘗試表現得比真實的自己更好。

不受操控

真誠地生活會給你自由，不受別人操控。嘗試「好像基督徒那樣行動」往往會令人陷入失敗的處境，對那些操控你的人好，只會令你更深地落入他們的網羅。

一個女人聲音愈來愈憤怒地對我説：「我不能相信那個人那麼厚顏無恥。」她指著我旁邊的椅子。「他坐在椅子上讀聖經，而我則每天為他煮早餐，但他卻對團契中每個人散播關於我丈夫的謠言。」

她指的男人早已離開了那個家和團契，但卻是在破壞了很多關係和那個女人那顆接待的心之後。他濫用了她的接待，利用了她的慷慨。在第一個早上，他不願意幫忙預備他也將會有份吃的早餐時，我便會將他趕走。面對他的欺詐，我肯定不會保持沉默。

真誠不會容許我們在面對剝削時保持沉默。有多少次，我們離開時，希望自己有勇氣說出我們真正想到的話，而不是愉快地笑，假裝我們同意？這也是認罪的一部分。我們可能並非總是對的，也肯定會犯錯，但我們毋須讓自己成為別人的受害人。即使我說了不應該說的話，或對別人的需要不敏銳，真誠都容許我回頭，為自己的錯誤道歉，在適合時作出補償。

我肯定你和我一樣，見過有人以「真誠」的名義，作粗魯和惹人討厭的事。這不是我在這裏所指的事。任何一段「互為彼此」的經文都可以被濫用來支持最荒謬的行為。但真誠從來都不是粗魯或高高在上的藉口。我們雖然有自由去說真誠的說話，但我們也受到勸戒，要以耶穌基督的愛和溫柔去說話。

認罪的氛圍

我們怎樣創造一個讓人們可以真誠的環境？不要以為，你可以要求一羣人分享他們最陰暗的罪，以此作為認罪的踏腳石。實際上，在這樣的時刻，人們只會假裝真誠，這樣會更糟。認罪的氛圍不能由人工的方法創造。鼓勵認罪的氛圍的最好方法，是自己示範真誠的生活方式。正如這本書的其他原則一樣，它由你開始，然後才能夠在你以外表達出來。你對自己有多真誠，你對別人也會多真誠，你向耶穌開放你整個生命，你便會對自己誠實。

你記得在一個法利賽人的家，有一個不道德的婦人接近耶穌，將香膏倒在祂頭和腳上，然後用自己的頭髮擦乾的故事嗎？（見太二十六 6～13）在那裏，除了一個人以外，其餘的人都鄙視那個婦人，她是怎樣才能走進那樣的一個房間的呢？她可以這樣做，是因為那個惟一不會鄙視她的人，是惟一重要的人。耶穌觸及她的生命，赦免了她，別人怎樣想已經無關重要。

同樣，我們內心誠實時，會發覺自己頗自然地對別人真誠。雖然認罪的深度會隨著關係增長而加深，我們不單對我們熟悉的人真誠。耶穌會釋放我們，讓我們在每一個情況下都真誠。我們永遠不會再感到需要投影出一個形像，或若我們心裏不是這樣想仍假裝同意。

這並不表示我們會將每一個人帶到我們掙扎的深處。如果在你生命的任何時刻，你可以與三四個人分享你最深的試探和掙扎，你便實在是蒙福的人。這種認罪不需要在教會的聚會中發生。它更可能在因這些聚會而產生的關係中發生。只向「你知道他們會好像上帝對待你的認罪那樣去對待你的認罪」的弟兄姊妹表達你自己——他們會以憐憫聆聽，幫助你看見關於你的罪的事實，讓你可以得到赦免和自由地生活，並在你的掙扎中與你一起在基督的自由中同行。由上帝的愛轉化的人，是讓人可以倒下的最安全地方。他們是你在最壞的時刻想緊抓的人。他們會明白你的掙扎，愛你，伸手幫助你以上帝的能力走到上帝的真理裏面。

如果你找到這樣的人，你便會找到很大的珍寶。但不要停在那裏。要求耶穌轉化你，讓你可以釋放別人在光明中生活，而不需要躲藏在黑暗中。

討論問題

1. 講述一件「做好人與誠實」二者只能擇其一的事件。你怎樣做？事後看來，你希望自己說或做了甚麼？
2. 渴望別人認同，會令我們怎樣不能成為耶穌想我們成為的人？閱讀加拉太書一章 10 節。
3. 環顧房間，你認為人們在多大程度上有自由去真誠待人？甚麼有助擴大這自由？
4. 你裏面需要有甚麼改變，才能夠更真誠地生活？

第 12 章

結伴上路

彼此順服。

弗五 21

〔順服〕是放下總需要順從自己意思這可怕重擔的能力。

傅士德（Richard Foster）

「我們現在怎麼做？」約翰（John）的聲音聽起來很痛苦。「聽了人們昨晚說的一切，禱告和談論了一整天後，我們仍然感到我們需要走。」

約翰和瑪西（Marcy）想加入「青年使命團」（Youth With A Mission）乘坐服事船到海外訓練門徒和外展。他們想將計劃交給一羣信徒朋友，聽取他們的意見，因此我們在前一晚聚集，和他們禱告，討論他們的機會的優點和缺點。最終，除了約翰和瑪西，房間中所有人都感到這不是他們出發的適當時候。一年前，約翰在他們的孩子出生那天與瑪西分開，他剛於幾個星期前才回來。那時的責任令他感到吃不消，他希望有更多自由，於是離棄了自己那幼嫩的家庭。我們感到，在約翰需要先重新與家人聯繫時，他們一家去開展事奉，實在為時太早。

雖然我們有重大的關注，但約翰和瑪西實在太興奮，不受勸阻。雖然他們細心聆聽我們的關注，也與這些關注搏鬥，但他們仍然感到上帝想他們去。我們要求他們用二十四小時時間，看上帝向他們顯示甚麼。

現在約翰在電話旁邊。他和瑪西應該順從小組的智慧，還是跟從他們誠實地相信的「上帝放在他們心裏的心意」？我鼓勵他們跟從自己的心。在基督的身體中，順服並不將作決定化約為少數服從多數。

雖然我們最終沒有一致意見，約翰和瑪西還是示範了真正的順服。他們將自己的選擇和動機放在別人面前。大家一起討論，一起禱告，甚至考慮別人的想法。不過，他們仍然感到要去，而我們給他們自由這樣做。進一步顯示這種順服的力量的，是約翰和瑪西離開時，他們得到的金錢奉獻中，其中一些數目最大的奉獻是來自房間中人的。不可思議嗎？不！那是順服！它容許我們在由耶穌改變的過程中，與別人成為伙伴，而不是控制他們去做我們認為最好的事情。

約翰和瑪西是否作出正確的選擇？幾個月後，他們打電話回來，確信他們選擇出去是錯誤的，他們為此付出沉重的代價。他們問：「現在，我們犯了錯，應該回來嗎？」

他們同意在禱告中將這個問題帶給上帝，我同意打電話給一些當晚在場的人，問他們有甚麼想法。最終，每個人都感到他們應該留在當地，上帝會使用那錯誤去推進祂的旨意。二十年後，約翰和瑪西仍然在宣教，為上帝的國結出很多果子。

愛而不服從

順服容許我們有在旅程中與其他人結伴的喜樂。它讓我們分享我們的洞見，而不致控制彼此的行動。不過，可惜的是，在偽裝的順服下，基督的身體經歷的傷害，比任何其他勸告所帶來的傷害，來得更多；這往往令信徒成為一羣受創的個人主義者，而不是有效地幫助別人的人。

一些教會領袖錯誤地教導說，順服要求信徒屈從他們的領導。由於機構需要服從才能夠生存，順服的要求是令人們循規蹈舉的簡易工具。在整個教會歷史中，如果人們不同意當時的建制領導，他們對耶穌基督的順服都受到質疑。

每當機構的需要與關係的優先性有衝突，通常都是關係受損。正因為這樣，很多基督徒羣體中的關係，都可以十分易變。如果有人問了錯誤的問題，或者指出一個別人想不理會的困難，這個人可以由這一刻還是美妙的恩賜，下一刻立即變為危險的叛徒。

如果教會在這一代要顯示基督的愛，我們需要找方法，令機構的需要的優先次序遠遠低於健康和彼此支持的關係。我認識很多已經這樣生活的人。我認識的最敬虔的人，他們不跳進權力遊戲中，主宰教會的戰爭；相反，他們站在一旁，視機構的權力在與上帝更大的目的相比時，顯得微不足道。他們知道順服不是權力遊戲。它從不要求任何人服從別人的旨意。雖然希伯來書十三章 17 節要我們順從領導的人，但保羅邀請信徒接受彼此順服的喜樂時，使用完全不同的字眼。要求別人順服他們的領袖，通常要求不質疑的服從，而最終這總是具破壞性的。在那些傾向利用別人實現自己的議程的人手中，順服就好像刀子在一個四歲的小孩手中一樣 —— 有力的工具變成可怕的危險。

一天晚上，我與兩個長老見面，他們想我與他們和團契中一個剛與丈夫分居的女人見面。他們立即開始向她施壓。長老告訴她：「你必須讓他搬回來。離婚總是錯誤的。」

那女士蓮達（Linda）的回應是仁慈的。「我不認為你們知道發生了甚麼事。我為了此事尋求了主的旨意，也與一些和我最親近的信徒分享。他們相信我做了正確的事情。」

其中一個長老杰夫（Jeff）開始與蓮達爭論說，如果她不服從，便會受到上帝審判。我停止他激烈的訓話，對蓮達說：「蓮達，你知道沒有人有權要求你違背自己的良心。我知道你愛主，也嘗試跟從祂。如果杰夫說的話是上帝對你的心意，我肯定上帝會向你顯明。如果不是的話，你不用理會他。」我祈求上帝以智慧和勇氣帶領她，不論別人怎麼想，然後我們便告辭。

到了外面，杰夫攻擊我，說我不理會上帝的旨意。我告訴他，我不同意，她顯然正與其他信徒一起走這路，他不能要求她服從。多個月後，我們發現了她那天晚上選擇不告訴我們的事。她丈夫曾經侵犯她跟前夫生下的孩子，更一直都拒絕接受輔導。她與他分開是為了保護他們。

讓別人有自己的旅程

如果有人有權命令別人服從，那便是活於肉身中的耶穌。不過，祂不是這樣對待別人的。祂向人們提出真理，並在這樣做時，給他們一個簡單的選擇：他們可以跟隨祂，也可以不跟隨祂。祂讓人們有自己的旅程，因為祂想他們因為相信自己的良心，而不是因為祂可以威脅或哄騙他們順從，而跟隨祂。祂向每一個人示範上帝的愛，知道參與天父的家庭的喜樂，比嚴格的服從遠為有效。

保羅傳揚福音時，顯示了同樣的智慧和憐憫。他拒絕以祕密和可恥的方式操縱別人接受上帝的生命。相反，他說：「只將真理表明出來，好在上帝面前把自己薦與各人的良心。」(林後四 2) 他知道福音的力量，並不在於令別人好像基督徒那樣行動，而是令他們與福音的奧祕接觸——基督在他們裏面，有榮耀的盼望。(西一 27) 換句話說，我們幫助別人得到轉化，不是藉著令他們配合我們的規則，而是藉著鼓勵他們倚靠耶穌。那分別是重大的。那些認識天父和明白祂怎樣工作的人，從來不會要求你順服。事實上，他們知道這樣做會顛覆祂的工作。

保羅向歌羅西人更生動地表達他的意思。在二章 16 至 19 節，他告訴他們，對他們吃甚麼或參加甚麼慶祝，不要讓**任何人**判斷他們。他提醒他們，那些嘗試命令別人的人，只是證明他們「不持定元首。全身既然靠著他，筋節得以相助聯絡，就因上帝大得長進」(19 節)。

保羅知道只有耶穌能夠改變生命。看不見這真理的人，會告訴別人怎樣生活——這樣的努力是無用和損害人的。甚至使徒保羅也不要求別人做他認為最好的事。在哥林多前書十六章 12 節，保羅「再三勸」亞波羅與其他信徒同去，也指出亞波羅不願意這樣做。保羅顯然不同意亞波羅的做法，但他沒有譴責亞波羅的選擇，也沒有與他停止團契。他在結束時說：「幾時有了機會他必去。」順服容許我們提出意見，也接受意見，但仍然承認別人和我們都有自由按照耶穌的帶領運用意見。

藉著容許別人有自己的旅程，不強迫他們接受我們的意見，我們可以誠實面對彼此在哪裏對事情有不同看法，也可以繼續愛別人，即使他們不做我們認為是正確的事情。藉著令別人不受我們的判斷束縛，我們的友誼可以繼續增長，而不會因為我們的不同意見而終止。要記得，上帝會與別人一起工作，甚至使用我們認為的錯誤，去令他們更深入祂的生命，對祂的聲音更敏銳。

入鄉隨俗

我討厭南瓜。我討厭關於南瓜的一切。不過，在某人家裏作客時，我的好惡並不重要。我一坐到桌前，碟子裏已經裝滿食物。我的碟子上放滿煮熟的南瓜。我們開始吃時，我看著與我們一起進食的兩個小孩。我問他們：「這裏人人都吃光碟子裏的食物嗎？」

「我們當然這樣。」母親眨一眨眼睛回答說。我二話不說便吃那些南瓜——全部吃光。你在別人家裏時就是這樣做。（當然，如果你對南瓜敏感，吃了會死，我想你會讓別人知道。）

我們在基督裏的自由，容許我們進入任何狀況，有能力與其他人相處，同時又真誠地生活。我到別人的家或與一羣信徒會面時，我察覺到我是客人。因此，我有時唱我不喜歡的歌，即使別人說話不合理，我仍然有禮貌地聆聽。但如果我們有機會對話，我肯定可以貢獻我的思想。雖然我可能為人們提供引發破格思維的機會，我不會成為帶來改變的中介——當然，除非他們要求！

順服意味著我們順從別人同意做的事，只要我不會違背我的良心。大多數情況下，我順從，在適合時誠實地作出貢獻。在少數情況下，我不能順從，我會誠實地說出為甚麼，然後道歉。這也是順服。

耐心對待每個人

你在這旅程走得愈遠，你愈容易順從別人，甚至是那些信心比較軟弱的人。羅馬書十四章和哥林多前書八章通常都令我苦惱。這些經文明顯要求那些信心較強的人順從那些比較軟弱的人。這好像會帶來災難。我們怎樣順從軟弱的人的良心，而不致讓他們帶領別人走入歧路？

保羅將他順服的要求建基於耶穌是教會的頭這個事實，我們每個人在祂面前各具姿態。身為弟兄姊妹，我們不吩咐彼此去做甚麼，而是維持誠實的對話，尊重上帝在我們生命中的工作。我們要跟隨耶穌，不是成為「告訴我們上帝想要甚麼」的中介人。

你有沒有留意到，初期的使徒從沒有要求任何人違背自己的良心？他們從沒有視自己為比基督身體的其他人更優越，而是與他們一起分享那旅程。即使當哥林多人對於曾經用來祭偶像，然後在本地市場出售，因此沾染了邪惡、對信徒有害的肉類，他們尋求保羅的意見時，他也沒有要求任何人不理會自己的良心。偶像甚麼也不是；因此用來祭他們的肉也沒有甚麼，信徒可以自由進食。但接著他補充說，如果他們因為認為那些肉在屬靈上受到污染，良心令他們不能自由地進食，他們便不應該吃。（林前八 1～13）

保羅說，這裏有一個客觀真理，但如果你的良心不知道，你最好還是跟從自己的良心。為甚麼？因為保羅知道上帝就是這樣帶領祂的百姓。永遠不要勸別人不跟從自己的良心。如果他們錯，讓他們跟從它，這是上帝令他們改變的最快方法。保羅甚至補充說，如果他要和那些因祭過偶像的肉而良心受到冒犯的人一起進食，他也不會吃這些肉。為了好像食物這些不重要的東西破壞上帝的國，並不值得。那是自由！你沒有自由做一些事情，除非你也有自由不做那些事情！

保羅所理解的順服，不是他「對別人的要求」，而是讓他「去服事別人」的自由。跟隨上帝的帶領，卻損害別人時，總要小心。上帝將某些事情放在你心上時，你會發覺祂也會要求你不要冒險將那事情放在別人心上。

正如傅士德在《屬靈操練禮讚》（*Celebration of Discipline*）中說，順服「是放下總需要順從自己意思這可怕重擔的能力」。[4] 讓上帝在你裏面行出祂的生命，而不需要計劃令事情好像你希望那樣，你能想像這樣的自由嗎？你學習順服的喜樂時，你會發覺自私和獨立好像南瓜對我來說那樣討厭。

彼此分享貢獻

我們拒絕以順服為彼此控制的工具時，便可以藉著分享智慧和洞見，享用順服的果子。我很少公開教導一些自己從未在私人談話中與五六個人分享過，尋求他們的貢獻和意見的新事物。我並非總是接納他們的意見，但我會聆聽和給別人說話的空間——特別是那些我知道在旅程中走得比我更遠的人。

我有一個朋友，他將自己感到上帝帶領他做的所有事情，都向身邊不是最可能同意他的人透露。他在尋求上帝的智慧，而不是橡皮圖章。他知道，如果對生命有不同取向的人，得出與他相同的結論，他對上帝的帶領會更有信心。當然，這對那些就你行動的結果有既得利益的人來說，並沒有效。要提防他們的建議受他們自己的議程影響。

上帝喜歡以兩三把聲音確定祂的工作，讓我們可以有信心地行。祂教導我一些事情時，我往往在聖經中看見，在另一本書中讀到，也在談話中又聽到別人提起。向別人透露我們的思想和洞見，容許我們藉著將其他信徒的眼睛和耳朵納為己用，而擴展我們的視線和聽覺。我們自己的視角可能受到盲點限制和扭曲。人們對我的生命和行動的不同視角，往往幫助我區分上帝的帶領和我自己的欲望。

一天早上，我起來時感到應該寫一封信給一羣信徒，他們惡意地散播關於我的謊言。對於自己有力地揭露他們的罪，以及顯得謙卑和仁慈，我感到十分興奮，於是打電話給一個好朋友，將那封信讀給他聽。

我讀完時，他說：「那封信寫得很好——是你到目前為止最好的信！但你需要將它丟掉，不要寄出。」我不能相信我的耳朵。將信丟掉？我肯定他會和我一樣興奮。我開始與他爭論，提出很多理由，解釋為甚麼他錯了。我停下來讓他同意我時，他溫柔地說：「我以為你告訴我，你會相信上帝會保護你的聲譽。那封信似乎不能夠這樣做。」

我告訴我的朋友，兩年以來，我都相信上帝會保護我的聲譽，現在是時候說出事實了。我決意不理會他的建議，照原定計劃將信寄出。但在接著幾小時，我開始明白他的話。最終，我沒有寄出那封信；事後看來，我知道那樣做是對的。我發覺我的朋友不需要我為自己辯護，而我認為那些需要我為自己辯護的人，他們則不會相信我。我將自己的聲譽放在上帝手裏，透過那痛苦的經驗，我學懂保羅為甚麼說嘗試討別人歡心和服事上帝而活是兩條不同的路。如果我朋友不願意說出真話，不單我會為別人帶來更大痛苦，我也會錯失發現脫離別人意見的宰制的自由這個機會。

我們沒有人要獨自走那旅程。在你周圍的信徒的生命中，有很多知識和洞見等待你發掘。在這個層面分享旅程的關係那種美麗是很難形容的。雖然今天這種關係可能很少見，但透過順服與別人結成伙伴，我們便可以經驗人類關係可以提供的最深喜樂。

討論問題

1. 你可以想到一個時刻，是有人要求你順從他或她，而你覺得這樣做並不對嗎？那有沒有幫助？那給你甚麼感覺？

2. 講述一個某人的洞見改變了你生命的路的時刻。
3. 為甚麼順服永不要求你違背自己的良心？
4. 你可以怎樣更有效地與別人分享上帝給你的洞見和智慧？

第 13 章

有待發掘的財寶

我們不是我們的問題。

我們不是我們的傷口。

我們不是我們的罪。

我們是十分有價值的人和仍未揭露的美。

克萊布（Larry Crabb）

達雷爾（Darrell）在我打高爾夫球的城市球場工作。雖然我們多次以呼喚對方的名字來打招呼，但我不知道上帝在他生命中的工作那麼深 —— 也就是直到我的兒子跟他學打高爾夫球時。

達雷爾堅持我也一起上課，他也教導我打球。他一再說的一句話是：「你要讓高爾夫球棍帶領你的手，而不是讓你的手帶領高爾夫球棍。」

有一次，我希望與他有更深入的交談，於是回答說：「你說話好像我一位澳洲朋友。」

「真的嗎？他對你打球有甚麼話說？」

「他不是高爾夫球手。他說的話是關於我的生命，不是我打球。他說我需要學習讓上帝控制我的生命，而不是嘗試控制上帝。」

「他很對啊，」達雷爾眼中閃出光輝地說。下課後我們繼續談話，發覺我們對上帝同在的真實都充滿熱誠，我們在過去幾年也學到很多相同的教訓。不久之後，我們一起吃午餐，自從那時以後，七年來我們建立了深厚的友誼和團契，在困難和快樂的日子都鼓勵了我們。

你永不會知道，上帝的榮耀的哪一件珍寶將會來到你面前，或在巴士上坐在你旁邊，或在工作場所的大堂，甚至在隔壁的房屋裏。惟一能夠找出的方法是以愛、溫柔和尊重對待每一個你遇到的人；在你的旅程中，你會發覺上帝在你的路上分佈了很多人，他們有很多洞見和鼓勵去幫助你。

到了現在，我希望你已經想到你會怎樣對待下一個你遇到的人。無論那是需要團契的信徒，還是需要接觸我們了不起的救主的愛的非信徒，只需要請求耶穌令你對每天遇到的人有一種敏銳。當然，你不會觸及他們所有人，但可能每天有幾個人，是你可以以簡單地表達天父的愛來觸及的。

如果你到現在都是獨自閱讀這本書，或許是時候考慮更有深度的旅程——與其他信徒探討同行是甚麼意思，並學習怎樣一起分享上帝的生命。耶穌來不是要建立一個宗教；祂來是重建祂父的家庭。祂想以真正的關係將你與其他信徒聯繫起來，容許你重拾「互為彼此」這失落的藝術，以及可能正在街角的友誼帶來的喜樂。

我知道這可以是可怕的，特別是如果你曾經被其他信徒深深地傷害過。但拆除你的防衛機制，再次學習自由地愛人，與那些也渴望讓上帝轉化的人分享那旅程是甚麼意思，是十分值得的。

是的，你仍然會遇到一些容讓自己的捆綁令你遍體鱗傷的人，但你會找到自由，毫無罪疚地離開試圖操控你的人。你學習自己蒙愛的經驗，好像那樣去愛人時，會發覺自己有自由在人們迫你做你心裏不想做的事情時說不。愛他們，並不表示你需要順從他們的控制。只需要讓他們知道你關心他們，但那關係對你沒有用。他們可以要你解釋，但你沒有責任這樣做。生命很短暫，良好的關係實在太可畏，不能浪費時間嘗試修補具破壞性的關係。

你會遇到更多好像你的人，在旅程中朝聖，要更認識耶穌。雖然「互為彼此」只能夠由你願意捨棄的東西開始，但你會發覺上帝提供別人來幫助你。你感到甚麼人吸引你，或甚麼關係會更有成果？那感動會否來自聖靈？

邀請一些人去吃午餐，或者在黃昏相聚。那不需要十分迷人。你更認識他們時，告訴他們你渴望經歷真正的基督徒羣體，看看他們有沒有興趣。提議定期聚集，學習怎樣活出「互為彼此」的喜樂。你甚至可以考慮一起閱讀和討論這本書。你會發覺周圍很多人是有待發掘的巨大珍寶。他們的故事會鼓勵你，他們的洞見會給你自由，他們的幫助會令你的旅程更輕鬆。

直到十年前，我與基督徒旅程中其他旅人的友誼都安裝了地雷拉發線，會在沒有警告下帶來憤怒和怨恨。每當我不能滿足別人對我生命的期望或要求時，我很快由親愛的弟兄變成危險的棄兒，實在不可思議。（老實說，有些操控是由我實行的。）

不過，在過去十年，我能夠以自己一直夢想的方式，在上帝的家庭中分享關係。我在自己的祖家，在我一家幾年前搬到的新社區，以及在全世界都找到這些友誼。我在世界某處步下飛機時，大多數都遇到我本來只是透過電郵或電話認識的人。有時在幾分鐘內，我們便在旅程中分享一些最深的掙扎，並在這樣做時找到鼓勵。

這是上帝創造我們經歷的那種羣體。它可能由兩三個人開始。你可能有一兩次錯誤的開始，有些似乎感興趣的人突然變得冷淡。不要以為他們缺乏興趣是因為你，並退縮到防衛的牆後面。上帝有很多其他人，他們會從祂給你的財寶中得到幫助。要不斷向祂求，留意上帝帶到你生命中的關係。

無數人類珍寶正在等待開啟，他們很多人在已經有的膚淺關係中飄浮。世界上有很多人真的渴望上帝，渴求以耶穌為中心的友誼，能夠提供互相支持和照顧，令我感到驚訝。活出那些友誼，是在天父的家庭中其中一份最大的恩賜。那是「去教會」和「成為教會」的分別，無論甚麼時刻，也無論你身處世界哪裏。

附錄

與別人分享旅程

這本書可以作為十三個星期的指引來使用，研究新約關於「互為彼此」的經文，幫助你與其他信徒培養豐富的關係。每一章結尾的討論問題，都是設計來幫助小組建立改變生命、以耶穌為中心的友誼的。你可能已在參與一個小組聚會，或者你想邀請幾個朋友一起研讀這本書。你的小組可以少至兩三人，或大至十五人。不過，十五人以上的小組，愈大的話，愈會傾向令這研習成為智力的練習而不是關係的經驗。

這裏有兩個提示，能幫助你更有效運用時間。首先，不要以為像這樣的書能引發那種令肢體生命成真的關係。只有耶穌以聖靈的大能才可以將祂的身體聯繫起來，打開我們的眼，看真愛是甚麼，裝備我們以那愛與其他人分享。要確保這些練習不會淪為人與人的練習。請求耶穌在其中帶領你，並超越這本書，在你們中間創造只有祂能夠創造的關係。

第二，如果與你一起聚會的，不是一羣恆常聚集一起的人，你可能需要先製訂一些管理細則。這樣做的目的，是令你的羣體就成員在耶穌裏成長展開廣泛的交流，以及成員渴望有效地與其他信徒分享基督的生命。如果小組研習是在單單享受成為弟兄姊妹的自由中發生的，便大可跳過這一部分。不過，如果你感到稍有指引對你的開始會是一個幫助的話，細讀以下清單，找出一些會幫助你的小組有效地運作的細則。這不需要花很多時間。只需要對每一點找到共識，然後討論下一點。

管理細則

1. 我們是否想每星期有固定的時間聚集？還是每個月聚集一次？
2. 我們想以簡單的聚餐開始，還是計劃在期間或之後吃茶點？
3. 如果我們不十分熟絡，我們想不想另外特地安排一晚，讓每個人花十分鐘，介紹自己決志迄今的屬靈旅程？（或者另一種做法是：在最初幾次聚會前後，三四個人一起吃飯，並按這題目分享。）
4. 我們想有人一起協調和推動我們的對話嗎？（最好讓那些願意擔當這服事的人輪流來做推動者，而不是一直都由同一個人來做。）
5. 我們想不想在開始前有一段簡短的集體讚美和祈禱時間？
6. 我們想不想聚會有確定的結束時間，讓我們可以相應地作出安排？

對有效討論的建議

1. 促成一個安全的環境，讓人可提出任何問題或評論，而不會令人感到愚蠢或受到批評。
2. 確保沒有人在不想分享的情況下被迫分享，但每個人都有機會分享洞見。（那些感到在小組中更容易說話的人，可能要收斂一下，讓其他人可以發言；而那些感到自己的貢獻不重要的人，則要冒險為別人補充自己的洞見。）

3. 不要讓任何人扮演專家，而是培養一個環境，讓大家一起發現上帝想透過這研習在你們生命中做的事情。
4. 有自由不同意別人的意見，毋須說服別人你是對的，也毋須破壞彼此所關懷和照顧的關係。

全書註釋

1. http://www.brainyquote.com/quotes/quotes/e/q105229.html
2. NASA curriculum posted at http://nasaexplores.com/lessons/o1-071/5-8_2.html.
3. John W. Yates, "Pottering and Prayer," *Christianity Today*, April 2, 2001.
4. Richard Foster, *Celebration of Discipline* (New York: Harper and Row, 1988), 97.

讀者意見表

緊扣時代 服事教會

以文字傳揚基督真道

衷心多謝你購買本社書籍。本社一直致力以出版事工服事教會，幫助信徒扎根於神的話語，促進靈命增長。為使我們的出版更能滿足你的需要，請填寫下列各項資料，並寄回或傳真予本社。

所購書籍：________________

本書最吸引你的地方：

□作者 □適切性 □文筆 □設計 □實用性

□其他：________________

購買本書地點：

□基道書樓 □基督教書店 □非基督教書店

性別：□男 □女 職業：________________

信仰：□基督徒 □非基督徒

年齡：□ 16 歲或以下 □ 17～25 歲 □ 26～35 歲 □ 36～55 歲 □ 56 歲或以上

學歷：□中三或以下 □中五 □預料 □大學 □研究院

□我欲更多了解基道出版社的事工及考慮支持，請寄給我下列資料：

□機構簡介 □新書資料 □基道會員通訊

□《基道文字事工通訊》

姓名：________________電話：________________

地址：________________

____

傳真：________________ 電子郵件：________________

其他意見：________________

____

多謝賜教！

基道出版社

意見表可以傳真（2687-0281）或直接郵寄以下地址：

香港沙田火炭坳背灣街26號富騰工業中心1011室

基道出版社編輯部收